AUTOPSIE DU LAC MEECH
LA SOUVERAINETÉ EST-ELLE INÉVITABLE?
de Pierre Fournier
est le trois cent soixante-neuvième ouvrage
publié chez
VLB ÉDITEUR
et le quinzième de la collection
«Études québécoises».

*La collection «Études québécoises» est dirigée par Robert Comeau.*

# AUTOPSIE DU LAC MEECH
# LA SOUVERAINETÉ EST-ELLE INÉVITABLE?

*du même auteur*

LE PATRONAT QUÉBÉCOIS AU POUVOIR: 1970-1976, Montréal, Hurtubise HMH, 1978.

LE CAPITALISME AU QUÉBEC (sous la direction de), Montréal, Éditions coopératives Albert St-Martin, 1979.

CAPITALISME ET POLITIQUE AU QUÉBEC (sous la direction de), Montréal, Éditions coopératives Albert St-Martin, 1980.

LA CONCERTATION AU QUÉBEC, Commission consultative sur le travail, Québec, Éditeur officiel, 1986.

L'ENTREPRISE QUÉBÉCOISE: DÉVELOPPEMENT HISTORIQUE ET DYNAMIQUE CONTEMPORAINE (avec Yves Bélanger), Montréal, Hurtubise HMH, 1987.

LE QUÉBEC MILITAIRE (avec Yves Bélanger), Montréal, Québec/Amérique, 1989.

# Pierre Fournier

# Autopsie du Lac Meech

## La souveraineté est-elle inévitable ?

vlb éditeur

VLB ÉDITEUR
1339, avenue Lajoie
Outremont (Québec)
H2V 1P6
Tél.: (514) 270.6800


Maquette de la couverture:
Mario Leclerc


Illustration de la couverture:
«Défilé de la Saint-Jean-Baptiste, 1990.»
Gilles Lafrance, *Journal de Montréal.*


Composition et montage:
Atelier LHR


Distribution:
DIFFUSION DIMÉDIA
539, boul. Lebeau
Ville Saint-Laurent (Québec)
H4N 1S2
Tél.: (514) 336.3941

# REMERCIEMENTS

Je tiens à remercier tout particulièrement madame Josée Legault, de l'Université du Québec à Montréal, qui a assumé la responsabilité de la recherche et d'une bonne partie de la rédaction des chapitres 2 et 3, et qui a grandement contribué à la correction et à la révision du texte.

Je m'en voudrais également de ne pas mentionner la contribution de Clyde Wells et d'Elijah Harper, lesquels, en accélérant l'Histoire, m'auront donné la motivation et le courage nécessaires pour passer mon premier été post-Meech loin du soleil, des plages et, n'en déplaise à Jean Chrétien, des Expos...

# Introduction

Pourquoi une autopsie de ce cadavre encore chaud qu'est le lac Meech? Parce qu'au-delà du jargon juridique et des luttes constitutionnelles, les interminables débats sur l'Accord se seront révélés un formidable détonateur et un puissant révélateur de ce que sont devenus le Québec et le Canada anglais.

Pour les Québécois, le lac Meech aura eu l'immense mérite de clarifier les enjeux liés à leur devenir collectif. Jamais les principales forces politiques au Canada ne se seront montrées aussi crûment que pendant ces trois longues années. Jamais les réalités différentes et les visions irréconciliables qui sous-tendent l'existence de ce pays ne seront apparues aussi évidentes. Jamais le fossé entre les aspirations du Québec et du Canada anglais n'aura été aussi grand. Et surtout, jamais l'actuel gouvernement québécois n'aura dévoilé aussi clairement ses motivations profondes quant à l'avenir du Québec.

Pendant près de deux décennies, le génie de Pierre Trudeau aura été de camoufler les incompatibilités et les contradictions canadiennes, permettant ainsi à une vision qui ne collait pas à la réalité ni aux aspirations des Québécois ou des Canadiens anglais, de triompher momentanément. Même si l'ancien premier ministre est sorti victorieux de la ronde Meech, et qu'il a grandement contribué à son échec, ce vaudeville aura tout au moins permis de démystifier l'homme et ses idées. Allié objectif des éléments les plus réactionnaires et les plus anti-francophones de la société canadienne, Pierre Trudeau se sera enfin démasqué devant des Québécois maintenant prêts à se purger de l'influence de celui qui, plus que tout autre, avait su retarder l'évolution normale du Québec. La remise en question de l'héritage Trudeau aura surtout touché la période 1980-1982, alors que, après la victoire référendaire, il avait réussi à tromper les Québécois en reniant le «fédéralisme renouvelé» promis, et en leur imposant une constitution dont ils ne voulaient manifestement pas.

Au chapitre 2, je tenterai de démontrer que l'opinion véhiculée par le gouvernement québécois actuel et la plupart des analystes selon laquelle le lac Meech constituait, somme toute, un compromis acceptable, ne résiste pas à l'analyse. En effet, un examen serré des demandes minimales de 1986, de l'Accord de juin 1987 et des nouvelles concessions de juin 1990, révèle que les intérêts du Québec n'auraient été aucunement servis par la ratification d'un document qui, à plusieurs niveaux, aurait amené des reculs importants pour le Québec. À l'aide d'un bref historique, j'examinerai ensuite les principaux points tournants de ce mauvais feuilleton où la réalité a souvent dépassé la fiction, et je laisserai aux autres le soin de comptabiliser ses nombreux rebondissements.

On verra que les principales raisons invoquées au Canada anglais pour rejeter l'Accord, y compris les droits des minorités linguistiques, la loi 178, la place des autochtones et des communautés culturelles, de même que la réforme du Sénat, n'ont été que des prétextes visant à camoufler des sentiments et des attitudes profondément anti-francophones et anti-Québec. Les opposants de l'Accord, même s'ils ont été rarement convaincants au niveau des idées, n'ont réussi qu'à convaincre les convertis, précisément parce qu'ils ont su si bien exploiter les préjugés tenaces à l'égard du Québec.

Parallèlement, une des grandes révélations de ce débat aura été l'apparition d'un Canada anglais qui, quoique de façon encore confuse et contradictoire, se cherche désespérément, et semble en voie de forger des consensus sur son propre devenir collectif. Si plusieurs croient encore que le Canada anglais ne survivra pas à la souveraineté du Québec, la lecture de ce livre devrait les en dissuader. Qui plus est, contrairement à la période référendaire de 1980, alors qu'il semblait disposé à faire des compromis importants, le Canada anglais tient maintenant à ce que l'adhésion du Québec soit basée sur le statu quo constitutionnel sans aucune reconnaissance — symbolique ou réelle — de sa spécificité.

Le réveil des forces nationalistes au Québec n'est-il qu'un feu de paille, ou constitue-t-il un véritable point tournant dans son évolution politique? Les trois derniers chapitres tenteront de répondre à cette interrogation tout en faisant le point sur la situation politique, économique et linguistique de l'après-Meech. À partir d'une analyse des défis et des contraintes auxquels devra faire face le Québec en cette dernière décennie du XXe siècle, j'avancerai que si la conjoncture est exceptionnelle, les obstacles qui se dressent à l'encontre de la souveraineté demeurent toutefois considérables. Malgré les efforts et les progrès des dernières années, l'avenir du français est encore loin d'être assuré. Au niveau économique, le Québec a désormais non seulement les moyens de devenir souverain, mais il pourrait même en tirer des avantages notoires. Cela n'empêchera pas les débats des prochains mois et des prochaines années de tourner encore une fois autour de la viabilité économique d'un Québec indépendant. Quant à la conjoncture politique, pour ceux qui croient que la marche vers la souveraineté est inévitable ou inéluctable, et que le gouvernement actuel au Québec en sera le maître d'œuvre, le réveil risque d'être brutal.

# CHAPITRE PREMIER

# L'héritage Trudeau

D'autres sauront mieux que moi remonter à la Conquête pour retrouver le sens profond de l'épopée du lac Meech. Pour ma part, je me contenterai d'un rappel historique plus court et nécessairement plus superficiel, qui cherchera à démontrer l'importance du référendum et du rapatriement de la Constitution canadienne en 1982, comme facteurs d'explication de la saga Meech et de la conjoncture actuelle.

Au début de la décennie 1980, l'avenir du Québec semblait plutôt sombre. L'échec référendaire provoqua chez la plupart des Québécois nationalistes l'amertume, le défaitisme et la démobilisation. La victoire du «non» qui apparaît à l'époque consacrer définitivement le déclin du nationalisme, comme le claironnaient la plupart des analystes, doit être perçue aujourd'hui comme une étape de plus vers un nouveau statut politique pour le Québec.

Cette victoire s'avérait, en effet, passablement superficielle. Une bonne partie des francophones ayant voté «non» s'identifiait néanmoins comme «Québécois d'abord». Ils ne se sentaient pas liés émotivement au Canada socio-politique, étant davantage préoccupés par l'insécurité économique dans le contexte d'une économie fortement contrôlée par les Anglo-Canadiens et les Américains. Ces craintes, qui affectaient surtout les plus démunis de notre société, ont d'ailleurs été fort habilement exploitées. La campagne de peur, qui tourna notamment autour des chèques fédéraux d'assurance-chômage, d'allocations familiales et de pensions de vieillesse, aura été un outil dévastateur et efficace. Une adhésion obtenue par la peur, cependant, est nécessairement fragile, humiliante et temporaire. Lorsque la conjoncture change et que les craintes s'évanouissent, c'est avec un enthousiasme particulièrement «senti» qu'on change de cap. Demandez-le aux Européens de l'Est.

## Le mensonge du «fédéralisme renouvelé»

La défaite du «oui» a aussi été obtenue au prix d'une promesse de renouvellement fondamental du fédéralisme. Quatre jours avant le référendum, le soir du 16 mai 1980, prenant la parole à l'aréna Paul-Sauvé, Pierre Trudeau s'engagea solennellement, en son nom et au nom du Parti conservateur, du NPD, de son caucus de députés et des neuf autres provinces, à renouveler le fédéralisme. Les députés québécois du Parti libéral du Canada, clame-t-il, sont même prêts à «mettre leurs sièges en jeu pour avoir du changement». L'ancien premier ministre du Canada a d'ailleurs participé lui-même à la controverse entourant le sens de cette promesse. Il s'acharne aujourd'hui à démontrer que le «fédéralisme renouvelé» n'a jamais signifié autre chose que le rapatriement, la Charte des droits et un coup de barre centralisateur. L'enjeu est important, car Pierre Trudeau y joue sa crédibilité et sa place dans l'Histoire.

Seule une analyse serrée du contexte référendaire permet de déceler le sens réel qu'avait à l'époque cette promesse pour les Québécois. Or, des centaines de déclarations pendant les mois et les semaines qui ont précédé le référendum ne laissent aucun doute sur l'orientation générale du fédéralisme renouvelé: un Québec avec une marge de manœuvre accrue pour assurer son développement linguistique et culturel, soit une conception qui s'inscrit dans la continuité des revendications de tous les premiers ministres du Québec depuis 1960. Un sondage CROP/Radio-Canada montra que le «fédéralisme renouvelé» était par ailleurs l'option que favorisait une majorité de Québécois[1]. En outre, 56 % des répondants se disaient d'avis que les pouvoirs des provinces devaient être augmentés, et 51 % croyaient que le Québec devait avoir des pouvoirs spéciaux différents des autres provinces dans certains domaines, notamment la langue (66 % des répondants y étaient favorables), la culture (64 %) et les ressources naturelles (56 %). Les Québécois voulaient et s'attendaient à des changements constitutionnels majeurs.

Deux ans avant le référendum, la Commission de l'unité canadienne créée par Pierre Trudeau, avait parcouru le pays d'est en ouest. Le rapport Pépin-Robarts fut déposé en février 1979. Ce dernier entérinait le droit du Québec à l'auto-détermination, et

---

1. *La Presse*, 26 avril 1980.

soutenait que la province devait avoir des compétences élargies puisqu'elle constituait «le château fort du peuple canadien-français». Il prévoyait aussi que le pouvoir résiduaire serait attribué aux provinces et que celles-ci pourraient se retirer des programmes émanant du fédéral et recevoir une compensation fiscale. En outre, les provinces se verraient confier la totale responsabilité de leurs minorités.

Le 9 janvier 1980, quelques mois avant le référendum, à un moment où les sondages indiquaient une légère avance pour l'option souverainiste, Claude Ryan, chef du PLQ et du camp du «non», déposait un document mettant en relief les principaux éléments d'un fédéralisme renouvelé. Tout en ne prônant pas le «statut particulier», le livre beige s'inscrivait néanmoins clairement dans l'optique de la décentralisation et du renforcement des pouvoirs du Québec. Il contenait notamment des propositions visant à limiter les pouvoirs unilatéraux d'Ottawa, à instaurer un conseil fédéral dualiste, à confier aux provinces le contrôle et la réglementation des entreprises de radiodiffusion, et à accentuer la «souveraineté culturelle» du Québec.

Le livre beige fut bien accueilli par la majorité des forces politiques non souverainistes au Québec, mais aussi par le Parti libéral du Canada. Jean Chrétien parlait alors d'«un document judicieux et réaliste offrant de très bonnes propositions». Jeanne Sauvé laissa même échapper: «En recommandant une plus grande décentralisation, la plupart des propositions contenues dans le document sont compatibles avec la pensée du chef libéral canadien, Pierre Trudeau[2].»

---

2. *La Presse*, 10 janvier 1980.

Ce fut ensuite au tour des premier ministres des provinces anglophones, notamment Bill Davis, Brian Peckford et Richard Hatfield, d'encenser le livre beige. Pour Brian Peckford,

> «Les Québécois finiront par constater qu'il est de leur intérêt de demeurer dans une confédération renouvelée dans laquelle les avantages et vertus de sociétés provinciales fortes seront défendus par toutes les provinces au lieu du Québec seulement[3].»

Moins spécifique, et tout en admettant que la prise de position de l'Ontario faisait partie d'«une stratégie visant à combattre le projet de souveraineté-association lors du référendum», le ministre des Affaires intergouvernementales, Thomas Wells, accueillait le projet Ryan comme «une contribution raisonnable, positive et constructive[4]».

Quant à Pierre Trudeau, il parla du livre beige comme d'«une base de discussion extrêmement sérieuse». Et jamais pendant la campagne référendaire ne désavoua-t-il ce document ou les déclarations des nombreux porte-parole du «non» concernant le contenu du fédéralisme renouvelé. D'ailleurs, trois semaines avant le référendum, le premier ministre Trudeau, se défendant de favoriser le *statu quo*, confirmait que le livre beige, le rapport Pépin-Robarts et les propositions des provinces constituaient des bases intéressantes pour renouveler le fédéralisme[5].

---

3. *La Presse*, 11 janvier 1980.

4. *La Presse*, 30 janvier 1980.

5. *La Presse*, 25 avril 1980.

Si les Québécois ont mal compris à l'époque les intentions de Pierre Trudeau, il y avait de quoi! L'ancien premier ministre cultivait sciemment et brillamment l'ambiguïté et entretenait la confusion. Il aura permis que s'accrédite auprès des électeurs une conception du fédéralisme renouvelé qu'il s'empressa de renier *après* le référendum. Plusieurs, y compris René Lévesque et la plupart des observateurs politiques le moindrement perspicaces, ne furent pas dupes et ne crurent pas au changement de cap de Pierre Trudeau. Mais d'autres, y compris Claude Ryan et une bonne partie des partisans du «non», étaient convaincus que l'ouverture était réelle, et que le gouvernement fédéral était prêt à faire un bout de chemin dans la direction des revendications historiques du Québec. Comment se surprendre alors que plusieurs Québécois se soient sentis trahis et bernés lorsque Pierre Trudeau déposa en 1981 son projet de rapatriement de la Constitution? Le point de vue selon lequel la promesse référendaire n'a pas été tenue est maintenant partagé par la majorité des fédéralistes québécois et par le gouvernement Mulroney lui-même.

Même le chroniqueur de *La Presse*, Marcel Adam, accusait Pierre Trudeau en 1989 d'avoir commis une «fraude» envers les Québécois en faisant passer l'Acte constitutionnel de 1982 comme la réalisation de sa promesse de renouveler le fédéralisme. Piqué au vif, l'ancien premier ministre déclencha alors une virulente, mais néanmoins fort éclairante, polémique à laquelle participa notamment Claude Morin. Parce qu'il tente depuis toujours d'attribuer aux seuls «séparatistes» les «erreurs d'interprétation» sur le sens de son fédéralisme renouvelé, il est tout à fait ironique et révélateur que l'objet de sa fureur et de son mépris ait été Marcel Adam. Ce dernier, que

Pierre Trudeau traite de «nationaliste outré», a pourtant fait preuve depuis de très nombreuses années d'une orthodoxie fédéraliste sans égal dans le monde journalistique québécois. En effet, dans les jours et les semaines qui ont précédé le référendum, Marcel Adam a été l'auteur de plusieurs vibrants plaidoyers en faveur du «non» et de Pierre Trudeau (voir, notamment, l'éditorial du 16 mai 1980). L'éditorialiste avait également manifesté sa conviction profonde que le fédéralisme serait renouvelé dans le sens où la majorité des Québécois le désirait. Et pourtant, ce même Marcel Adam, dont les convictions politiques n'ont pas changé depuis le référendum, considère avoir été trompé par Pierre Trudeau à l'occasion du rapatriement.

Dans cette controverse, Pierre Trudeau a eu raison de prétendre qu'il n'aurait pas été logique que la défaite du «oui» soit suivie de réformes de nature à plaire au camp du «oui», encore qu'un véritable homme d'État aurait su faire un bout de chemin dans le sens de la «réconciliation nationale». L'aberration vient plutôt de ce qu'il a trahi ses propres partisans, ceux qui ont voté «non» à la souveraineté, mais «oui» au fédéralisme renouvelé. Dans ce débat, Pierre Trudeau a réussi à esquiver les questions essentielles: comment la majorité des Québécois a-t-elle interprété la promesse du «fédéralisme renouvelé»? Dans quelle mesure a-t-il contribué directement ou indirectement à entretenir la confusion autour du sens du fédéralisme renouvelé? Le rapatriement de 1982 répondait-il au désir de renouvellement du fédéralisme manifesté par la majorité des Québécois?

# Le rapatriement: une bombe à retardement

L'ancien premier ministre prétend que l'Acte constitutionnel de 1982 était voulu par la majorité des Québécois. Or, quel mandat avait-il? Quelques mois avant le référendum, il avait repris le pouvoir des mains de Joe Clark, en se gardant bien d'ailleurs de préciser le contenu éventuel de l'Acte constitutionnel. À l'occasion du référendum, on a donné au renouvellement du fédéralisme un sens tout à fait différent des prétentions du premier ministre. De plus, les sondages de l'époque montraient que la population du Québec s'opposait fortement au rapatriement. Selon CROP, au mois de mars 1981, seulement 27 % des répondants appuyaient le rapatriement, 54 % s'y opposaient et 19 % n'exprimaient pas d'opinion. Un an plus tard, en mars 1982, l'opposition demeurait remarquablement stable: 26 % en faveur, 55 % contre et 19 % sans opinion[6].

Pierre Trudeau répliqua en appelant à sa rescousse trois autres sondages[7]. Le 5 mai 1982, le *Globe and Mail* publie un sondage Sorecom où 75 % des Québécois affirmaient qu'il était important pour le Québec de faire partie du Canada. Pierre Trudeau oublia alors de mentionner que ce même sondage démontrait que 61 % des Québécois considéraient que la position du Québec dans la fédération canadienne avait été affaiblie par la nouvelle Constitution, contre

---

6. *La Presse*, 30 mars 1982.

7. Don Johnston (éd.), *Lac Meech — Trudeau parle*, Montréal, Hurtubise HMH, 1989.

17 % qui pensaient le contraire[8]. Le 19 juin, *La Presse* publiait un sondage Gallup à l'effet que 49 % des Québécois croyaient que «la Constitution canadienne de 1982 représenterait à long terme une bonne chose pour le Canada»[9]. Outre le fait que la question porte· sur le Canada et non sur le Québec, Pierre Trudeau ne s'embarrassa pas de nuances et en déduisit que les Québécois étaient d'accord avec le rapatriement unilatéral. Finalement, il citait aussi en preuve un autre sondage Gallup publié dans *La Presse* du 15 décembre 1982, et qui montrait que 58 % des Québécois croyaient que «la Confédération n'éclaterait pas[10]». Il ne s'agissait bien entendu que d'une prédiction. En fait, chaque fois qu'on a demandé aux Québécois d'évaluer le bien-fondé de la démarche de Pierre Trudeau, ils se sont prononcés contre. L'ancien premier ministre introduit sa démonstration en disant que les sondages ne sont pas son fort. Force est d'admettre qu'il a raison.

Le mécontentement suscité par le coup de force constitutionnel amena plusieurs nationalistes québécois qui avaient opté pour le «non» au référendum, à voter pour le Parti québécois en 1981. Jusqu'à l'introduction de l'Acte constitutionnel, le PLQ menait largement dans les sondages. Peu après, il commença à couler. Amers et frustrés, plusieurs Québécois choisirent de réélire un gouvernement dont l'option fondamentale venait d'être battue un an auparavant.

---

8. Robert Sheppard, «Both Governments Losing Favor in Quebec», *The Globe and Mail*, 5 mai 1982.

9. *La Presse*, 19 juin 1982.

10. *La Presse*, 15 décembre 1982.

Dans les circonstances, il n'est pas étonnant que Pierre Trudeau ait refusé, malgré l'importance du rapatriement, d'en appeler à la population. Considérant le profond mépris que celui-ci affiche dans ses écrits pour les «carences démocratiques» des Québécois, on est en droit d'être perplexes. Les «séparatistes» ont au moins eu la décence de tenir un référendum sur leur projet de société.

Quand pour justifier sa démarche, Pierre Trudeau se cache derrière la Cour suprême qui a déclaré le rapatriement unilatéral «légal» mais non légitime, c'est le bouquet! Pour avoir lui-même dénoncé jadis dans *Cité Libre* les nombreuses injustices et aberrations qu'on a justifiées chez nous et à travers le monde au nom de la légalité, cet argument est indigne de ses prétentions.

Les affirmations de Pierre Trudeau à l'effet que le gouvernement péquiste cherchait à tout prix à faire avorter les pourparlers constitutionnels en 1981 et 1982, et qu'il était responsable de la perte du droit de veto par le Québec, ne résistent pas plus à l'analyse. Le gouvernement québécois a certes été malhabile et naïf. Il a néanmoins réussi à s'entendre avec sept autres provinces, et il avait même accepté de laisser aller son veto *en échange* de concessions importantes. Est-ce là le comportement d'un gouvernement qui cherche à tout prix à faire avorter un processus? Quant au droit de veto, il n'a jamais été abandonné dans la mesure où les conditions se rattachant à cette concession ne furent jamais acceptées. On est en droit de se demander comment Pierre Trudeau, en tant que défenseur des meilleurs intérêts du Québec, a pu accepter sans sourciller que le Québec perde ainsi son veto. Après tout, n'était-ce pas lui qui tirait les ficelles?

Selon Gil Rémillard, le rapatriement de 1982 a insulté le gouvernement québécois comme jamais un gouvernement provincial ne l'avait été dans l'histoire de ce pays. En plus,

> «Aucun gouvernement québécois, peu importe son allégeance politique, n'aurait pu accepter ce rapatriement. L'argument qu'il n'y avait rien à faire parce que le gouvernement québécois était souverainiste ne tient pas. René Lévesque dirigeait un gouvernement légitime qui avait reçu de l'Assemblée nationale, le 2 octobre 1981, un mandat clair pour s'opposer à tout rapatriement unilatéral par Ottawa[11].»

Du point de vue du fédéralisme canadien et de l'unité nationale, le lac Meech peut être perçu comme une reconnaissance partielle des erreurs du régime Trudeau, et comme une modeste tentative de «réparer l'injustice infligée alors au Québec»[12], en ramenant le Québec dans la Confédération, même si, comme se plaît à le souligner l'ancien premier ministre, le Québec demeure légalement soumis à l'Acte constitutionnel.

Grand vainqueur, Pierre Trudeau profita au lendemain du référendum, d'une conjoncture tout à fait exceptionnelle: les indépendantistes étaient matés et il existait au Canada anglais une bonne volonté sans précédent. Au lieu d'œuvrer dans le sens de la «réconciliation nationale», tant au Canada qu'au Québec, il s'enlisa dans une réaction émotive et revancharde,

---

11. Gil Rémillard, «Meech complète le rapatriement de 1982 et répare l'injustice infligée alors au Québec», *La Presse*, 27 mars 1990.

12. *Ibid.*

en tentant d'écraser une fois pour toutes le nationalisme québécois. En effet, il imposa intégralement un projet constitutionnel qui n'était pas plus acceptable pour le camp du «oui» que pour la majorité du camp du «non». L'Histoire montrera que Pierre Trudeau n'a pas su gagner.

Pierre Trudeau, à cause de ses actions en 1981-1982, est le véritable auteur du lac Meech. Le rapatriement, largement appuyé par le Canada anglais à l'époque, se transformera rapidement en boomerang. Jusqu'à 1981, on reconnaîtra au Québec le droit de s'opposer à des modifications constitutionnelles avec lesquelles il n'est pas d'accord. En ce sens, les événements de 1981-1982 ont constitué un point tournant dans les rapports entre les deux peuples, et provoqué une crise de confiance au Québec. Visionnaire, René Lévesque déclarait le 4 février 1982: «Le premier ministre Trudeau est en train de paver la voie à beaucoup de changements qu'il ne peut même pas imaginer.»

## La Constitution de 1982: un recul fondamental

La position minimale du Québec depuis 1960 a toujours été que le rapatriement devait être accompagné par une définition claire des pouvoirs du Québec dans des juridictions comme les communications, l'éducation et les affaires sociales. Les gouvernements successifs du Québec jusqu'en 1976 ont également revendiqué une formule d'amendement passablement rigide, y compris un droit de veto pour le Québec, afin de garantir la sécurité à long terme de la province.

La perte du droit de veto constituait un échec majeur pour le Québec. Même si ce droit n'était pas inscrit dans l'AANB de 1867, il avait néanmoins été validé par la coutume constitutionnelle. La plupart des propositions de réforme constitutionnelle depuis quelques décennies ont d'ailleurs recommandé que le veto du Québec soit formalisé. La formule d'amendement retenue requérait pour tout changement constitutionnel l'assentiment du gouvernement fédéral et de sept provinces représentant au moins 50 % de la population canadienne. Comme le note Georges Mathews,

> «Avec la Constitution de 1982, le gouvernement fédéral a désormais la possibilité de se faire remettre un à un tous les pouvoirs des provinces dès lors qu'une majorité canadienne-anglaise y est favorable... Avec la nouvelle formule d'amendement le Québec a moins de pouvoir que les quatre provinces de l'Atlantique réunies, qui ne représentent même pas le tiers de son poids démographique[13].»

À Victoria, en 1971, les propositions constitutionnelles qui furent éventuellement rejetées par le Québec, prévoyaient une formule d'amendement exigeant le consentement du Parlement fédéral et des législatures d'une majorité des provinces (obligatoirement le Québec et l'Ontario), deux des quatre provinces de l'Ouest et deux des quatre provinces de l'Atlantique

---

13. Georges Mathews, *L'Accord*, Montréal, Le Jour, 1990, p. 90.

regroupant au moins 50 % de la population de ces régions. Le Québec se retrouva donc avec beaucoup moins en 1981 que ce qui avait été prévu en 1971. En affirmant en avril 1982 que «le Québec a raté sa chance à Victoria à cause d'un excès de gourmandise[14]», Pierre Trudeau manifestait clairement le caractère revanchard et anti-québécois de sa démarche.

La nouvelle Constitution refusait également de reconnaître l'existence d'une nation québécoise. On ne voulait même pas enchâsser le caractère distinct du Québec, en tant que seule province à majorité francophone au Canada. On justifiait ce rejet au nom de l'égalité des droits des provinces et des droits individuels. Pourtant, pendant le débat sur Meech, les trudeauistes n'ont pas hésité à réclamer la préséance de certains droits collectifs sur la Charte, tels ceux des autochtones ou des femmes[15].

Cette attitude contradictoire est pourtant typique. Pierre Trudeau aura cherché tout au long de son règne à renforcer le plus possible, par le biais de législations ou de protections constitutionnelles, ce qu'on pourrait appeler les multiples appartenances collectives des individus. On n'aura qu'à penser aux politiques libérales favorisant les femmes, les autochtones, les jeunes, les handicapés[16], etc. Les trudeauistes n'ont aucune difficulté à reconnaître ces appartenances collectives, et ce, jusqu'à l'appartenance linguistique que l'on sanctionne et encourage

---

14. *La Presse*, 22 mai 1982.

15. Voir William Johnson, «Constitution Makes Clear Native Rights Must be Recognized», *The Gazette*, 14 juillet 1990.

16. Voir Jacques Hébert, «Le législateur au service de la liberté», dans T.S. Axworthy et P.E. Trudeau, *Les Années Trudeau. La recherche d'une société juste*, Montréal, Le Jour, 1989, pp. 149-162.

dans la mesure, bien entendu, où celle-ci est compatible avec une des deux langues officielles... Le blocage se fait seulement au niveau de l'appartenance «nationale». Selon les trudeauistes, un concept géoethnique, porteur en soi de pouvoirs, ne saurait être reconnu au même titre que celui des autochtones ou des minorités linguistiques. Il est grandement temps de dénoncer ce «deux poids, deux mesures», cette contradiction qui se retrouve à la base même des élucubrations de l'ancien premier ministre et de ses disciples. Ultimement, en niant les droits collectifs des Québécois, Pierre Trudeau ne fait qu'accorder une préséance aux droits collectifs de la majorité anglocanadienne, ce qui consacre inévitablement sa domination[17].

Quant à la Charte des droits, elle devait s'avérer une véritable bombe à retardement. Tout en étant d'aucun secours pour les minorités francophones en voie d'assimilation, elle s'attaqua de front à plusieurs dispositions de la loi 101. Comme nous le verrons au chapitre VI, la Charte sera effectivement interprétée par les juges fédéraux de manière à court-circuiter plusieurs clauses de la loi 101. À travers la Charte, les pouvoirs du Québec sur l'éducation, la langue et la culture seront remis en question.

Tous, sauf le Québec, sortirent gagnants de l'opération rapatriement, qui devait pourtant renouveler le fédéralisme pour répondre aux aspirations du Québec. Le gouvernement fédéral obtenait «sa» Charte des droits; l'Ouest obtenait des pouvoirs

17. Voir Josée Legault, «La minorité anglophone au Québec: What does English Québec want?», texte non publié, Montréal, Université du Québec à Montréal, novembre 1989.

additionnels dans le domaine des ressources naturelles et «sa» formule d'amendement; les provinces
maritimes obtenaient un engagement ferme sur la
péréquation et le principe de l'égalisation des chances
entre provinces; et l'Ontario réussissait à éviter de se
faire imposer le bilinguisme parlementaire et juridique, alors qu'il existait au Québec depuis les débuts
de la fédération[18].

## Du «beau risque» au lac Meech

En 1982 et 1983, la crise économique qui touchait
particulièrement le Québec imposa au gouvernement
du Parti québécois une politique d'austérité draco-
nienne. La situation budgétaire catastrophique et les
coupures dans le secteur public achevèrent de briser
la base militante du Parti québécois ainsi qu'une
bonne partie de ses appuis électoraux. L'élection de
Brian Mulroney en 1984, fort de l'appui de plusieurs
nationalistes québécois, se conjugua à l'essoufflement
du Parti québécois et aux «blues» de la période post-
référendaire, pour convaincre René Lévesque de prendre le «beau risque» du fédéralisme. La défaite du
Parti libéral du Canada fut d'ailleurs suivie par un
climat de détente dans les relations fédérales-
provinciales, permettant au Québec de régler à son
avantage certains contentieux constitutionnels. Néanmoins, en matière constitutionnelle, outre ce que

---

18. Voir Gordon Robertson, *The Five Myths of Meech Lake*, Ottawa, 1990,
p. 22; et Georges Mathews, *op. cit.*, p. 93.

contiendra le lac Meech, le Parti québécois allait continuer de demander les pleins pouvoirs en matière de
langue, la non-application au Québec de la Charte
fédérale des droits, plus de pouvoirs dans les
domaines économique, social et de la formation de la
main-d'œuvre.

La défaite du Parti québécois en décembre 1985
contribua à créer un climat propice pour le lac Meech.
En proie à d'interminables conflits internes, le Parti
québécois n'était pas en position pour résister efficacement à la «rentrée constitutionnelle» que préparait
fébrilement Robert Bourassa. Malheureusement, si la
conjoncture était favorable pour Robert Bourassa qui
cherchait à liquider coûte que coûte la question constitutionnelle, elle l'était beaucoup moins pour la promotion des «intérêts supérieurs du Québec».

# CHAPITRE II

# L'accord:
# compromis ou compromission?

C'est en mai 1986, à l'occasion d'une conférence au mont Gabriel, que Gil Rémillard énonça clairement pour la première fois les cinq conditions permettant au Québec de reconnaître la légitimité des amendements apportés à la Constitution en 1982 et de participer au processus de changements constitutionnels dans l'avenir. Jusque-là, le gouvernement du Québec s'était contenté du statut d'observateur aux différentes conférences constitutionnelles, y compris celles traitant des autochtones, ce qui évidemment rendait difficile tout accord sur cette question. Les principaux objectifs en 1987 étaient de mettre fin à l'exclusion *morale* dont le Québec avait été victime en 1982, de rendre la nouvelle constitution acceptable au gouvernement du Québec, et de renforcer la légitimité de celle-ci auprès des Québécois.

En août et encore en novembre 1986, les premiers ministres provinciaux s'engagèrent publiquement à régler d'abord les cinq demandes du Québec et à retarder à une ronde subséquente les autres questions constitutionnelles. Il apparaissait évident à tous qu'aucun progrès ne pourrait être enregistré dans les autres domaines tant que la question du Québec ne serait pas réglée.

## L'accord de juin 1987: des compromis majeurs

Entre juillet 1986 et le 3 juin 1987, date à laquelle fut adopté le texte final de l'Accord, de nombreuses modifications furent consenties par le Québec sur ses cinq conditions pourtant déjà considérées minimales. C'est au cours du processus de négociation que les demandes du Québec se virent limitées et amendées. Contrairement au mythe tenace véhiculé au Canada anglais à l'effet que le Québec avait réussi à obtenir tout ce qu'il voulait et même plus, et contrairement aussi aux prétentions du gouvernement du Québec lorsqu'il défendait l'Accord devant sa propre population, en bout de ligne, le Québec a accepté de faire des concessions substantielles avant de signer l'Accord.

Dans la mesure où on se place à un niveau purement symbolique, Meech accordait au Québec pour la première fois depuis 1867, une reconnaissance explicite de sa spécificité. Par contre, la principale faiblesse de l'Accord, celle qui devait s'avérer être son talon d'Achille, était l'ambiguïté volontairement entretenue par les politiciens quant à sa véritable portée. L'Histoire jugera durement ces élus qui se sont réfugiés derrière un discours tenant beaucoup plus des relations publiques que de l'avenir d'un pays.

Comment s'expliquer autrement les lectures diamétralement opposées qu'en ont faites le Canada anglais et le Québec? Comment comprendre qu'un même accord ait pu symboliser tant de choses différentes aux yeux de tant de gens?

En partie, c'est qu'on aura tenté tout au long de ces trois longues années d'asseoir l'accord entre deux chaises: celle de la décentralisation et de la centralisation, ou celle des deux peuples fondateurs et de la dualité[1]. Pour certains, Meech introduisait pour la première fois la reconnaissance de la territorialité québécoise, tandis que pour d'autres, les nombreuses faiblesses de l'Accord venaient en fait neutraliser cette apparente acceptation du caractère distinct du Québec. D'ailleurs, plus que tout autre disposition, la *double* règle interprétative de la dualité et de la société distincte confirmait cette malsaine ambiguïté. Rien d'étonnant donc à ce que le premier ministre du Québec y ait trouvé son compte. Le lac Meech, c'était en quelque sorte la version constitutionnelle de la loi 178: décentralisé à l'extérieur, centralisé à l'intérieur. Ce qui compte, c'est la façade. Il devait donc y avoir tout au moins apparence de statut particulier. Mais le problème, c'est justement qu'il n'y avait qu'apparence.

D'ailleurs, ce sont surtout les opposants à l'Accord, nationalistes ou trudeauistes, qui avançaient les arguments les plus «rationnels», tandis que l'argumentation des pro-Meech faisait surtout appel à l'émotivité, ne portait que rarement sur le contenu, se réclamant surtout des conséquences qui allaient s'abattre sur le pays dans l'éventualité d'un échec.

---

1. Ces deux concepts renvoient eux-mêmes à ceux de territorialité et de non-territorialité.

Quant à eux, les milieux dits nationalistes[2] parlaient plutôt de l'Accord en termes de «perte inqualifiable» en ce qu'il ne reconnaissait pas explicitement ce qui fait la spécificité du Québec, c'est-à-dire son caractère français. Au PQ, on y voyait ainsi la preuve d'un fédéralisme non renouvelable, d'où la nécessité de faire la souveraineté et l'accusation portée envers Bourassa d'avoir «vendu la maison en bas du prix du marché[3]».

Pour les milieux fédéralistes inconditionnels ou centralisateurs, Meech allait précipiter le pays dans l'anarchie et la balkanisation en affaiblissant considérablement le gouvernement central et en accordant au Québec un traitement de faveur qu'on refusait aux autres provinces. Cela était évidemment caricatural, et traduisait surtout l'état de panique dans lequel se sont retrouvés des gens incapables d'avaler ne serait-ce qu'une reconnaissance apparente du caractère distinct du Québec. Ici encore, on en revient à l'ambiguïté d'un Accord qui aura provoqué un nombre incalculable de prises de position différentes. Devant un document aussi obscur, chaque côté pouvait en faire ce qu'il voulait et ce, trop souvent à des fins exclusivement politiques.

---

2. Dont le Rassemblement démocratique pour l'indépendance, la Société St-Jean-Baptiste, et le Parti indépendantiste.

3. Pierre-Marc Johnson dans «Johnson veut empêcher la signature de l'Accord», *La Presse*, 2 mai 1987.

## L'immigration

En matière d'immigration, le Québec demandait à toutes fins utiles, selon l'exposé du mont Gabriel, les pleins pouvoirs. Or, le lac Meech n'accordait en fait au Québec qu'une formalisation constitutionnelle de l'entente Cullen-Couture de 1978[4], la garantie qu'il recevrait sa part d'immigrants (proportionnelle à sa part de la population canadienne), ainsi que le transfert de la responsabilité de certains services pour les nouveaux immigrants. Par contre, selon Lowell Murray, l'Accord reconnaissait clairement la suprématie fédérale dans ce domaine[5], y compris la responsabilité d'établir les standards et objectifs des politiques d'immigration en fonction de l'intérêt national.

Mais surtout, en permettant à n'importe quelle province de négocier avec Ottawa une entente du genre Cullen-Couture, Meech refusait de reconnaître les besoins particuliers du Québec en matière de sélection et d'intégration des immigrants. Qui plus est, le fédéral conservait le pouvoir de modifier unilatéralement toute politique d'immigration. Quant à la disposition qui garantissait au Québec un nombre d'immigrants proportionnel à sa part de la population canadienne, avec le droit de dépasser ce chiffre de 5 % pour des raisons démographiques, elle était également accordée aux autres provinces dans la mesure

---

4. Entente intervenue entre Québec et Ottawa en 1978 dans laquelle le fédéral acceptait de renoncer à certaines de ses prérogatives en matière d'immigration. La suprématie du gouvernement central dans ce domaine ne s'en trouvait toutefois aucunement affectée.

5. Lowell Murray dans *La Presse*, 15 juin 1987.

où celles-ci pouvaient négocier des ententes sembla-
bles à celle du Québec.

## Le pouvoir fédéral de dépenser   ·

Concernant le pouvoir fédéral de dépenser, Gil
Rémillard avait demandé que le consentement des
provinces soit requis pour modifier la formule de
péréquation et les paiements de transfert. Il n'a rien
obtenu à ce chapitre. En tant que *société distincte*, une
protection absolue contre toute intrusion fédérale
dans les champs de compétence provinciale aurait
pourtant été un instrument essentiel au devenir
national du Québec. En fait, pour les provinces, la
portée réelle de l'article sur le pouvoir de dépenser
était fort limitée. Cinq conditions devaient être res-
pectées pour qu'une province puisse se retirer avec
compensation financière. Il devait s'agir d'un programme national; d'un programme à frais partagés;
le programme devait être établi après l'entrée en
vigueur de l'Accord; il devait intervenir dans un
domaine de compétence exclusive des provinces; et
les provinces ne touchaient la «juste compensation»
financière qu'à la condition qu'elles mettent en œuvre
un programme ou une initiative «compatible avec les
objectifs nationaux». Bref, la marge de manœuvre du
gouvernement fédéral demeurait entière.

Contrairement à la constitution de 1867 qui ne
disait mot sur le pouvoir fédéral de dépenser, Meech
reconnaissait donc pour la première fois le pouvoir
de dépenser du gouvernement fédéral dans les juridictions provinciales, mais on permettait aussi à

Ottawa de décider des grandes orientations de tous les programmes. Et comme à l'habitude, on laissait à la Cour suprême la responsabilité de décider de la compatibilité d'un programme provincial en cas de désaccord.

Ottawa aurait pu ainsi diluer ou contester certaines compétences législatives exclusives du Québec. Conséquemment, et peut-être plus que toutes les autres, une telle disposition allait directement à l'encontre du concept même de société distincte. Pour la première fois de l'histoire, Robert Bourassa acceptait que le fédéral puisse imposer ses conditions à l'intérieur de juridictions provinciales. La concession était de taille, si l'on considère de plus que, tel que confirmé par un représentant du fédéral, «l'intention des premiers ministres durant leurs négociations a été de décourager le droit de retrait[6]» en imposant des paramètres définis exclusivement par le fédéral. Selon les professeurs Andrée Lajoie et Jacques Frémont:

«Ce qui, à première vue, peut sembler une concession du fédéral faite au Québec et aux provinces doit se révéler après un examen plus détaillé une victoire majeure du fédéral qui, par ce biais, réussira enfin à faire ce qu'il cherchait à accomplir depuis de nombreuses années, à savoir d'acquérir l'autorité constitutionnelle d'investir et de contrôler à toutes fins utiles tous les domaines de juridiction provinciale exclusive[7].»

6. *La Presse*, 6 juin 1987.

7. Cité dans Denis Robert, «La signification de l'Accord du lac Meech au Canada anglais et au Québec francophone: un tour d'horizon du débat public», dans Peter Leslie et Ronald Watts (sous la direction de), *Canada: The State of the Federation 1987-1988*, Kingston, Institute of Intergovernmental Relations, Queen's University, 1988, p. 154.

Robert Bourassa a donc accepté qu'Ottawa enchâsse constitutionnellement une pratique qui certes existait déjà, mais que les provinces pouvaient toujours contester. Ce qui était autrefois un exercice litigieux pour le gouvernement fédéral serait devenu un acte entièrement légitime. Ce faisant, le premier ministre du Québec risquait des transferts de pouvoir pouvant éventuellement défavoriser le Québec. Cette disposition marquait donc un net recul. Le PLQ n'exigeait-il pas lui-même, en 1985, rien de moins qu'un droit de veto sur le pouvoir fédéral de dépenser? Encore une fois Robert Bourassa aura préféré réduire considérablement la portée de la société distincte, en échange d'un document lui apportant enfin la paix constitutionnelle.

## Le droit de veto

La reconnaissance du droit de veto constituait une condition fondamentale pour le Québec. Ce droit historique qui avait été utilisé notamment en 1965 et 1971, Québec l'avait perdu à l'occasion du rapatriement en 1981. À Edmonton, en août 1988, Robert Bourassa proposa donc que toute province représentant 25 % ou plus de la population devait avoir un droit de veto et que celui-ci devait constituer un droit acquis, même si la population chutait sous la barre des 25 %. Sage précaution pour le Québec dont la population en déclin ne représente plus aujourd'hui que 26 % de l'ensemble canadien. Or, l'entente de juin 1987 ne redonnait pas au Québec un plein droit de veto, si ce n'est de la règle de l'unanimité s'appliquant à certains items très limités: les pouvoirs du Sénat et le mode de sélection des sénateurs, la Cour suprême, le principe de la représentation proportionnelle à la Chambre des communes, et la création de nouvelles provinces. On était bien loin du droit de veto global demandé par le Québec puisque, dans la plupart des cas, la formule d'amendement de 1982 aurait continué à s'appliquer. Il suffisait que les parlements d'Ottawa et de sept provinces représentant au moins 50 % de la population canadienne donnent leur accord. Comme le disait si bien Brian Mulroney, «il importe de rappeler dès le départ que l'Accord du lac Meech n'amende pas la formule générale de modification constitutionnelle[8]».

De plus, en s'engageant le 9 juin 1990, à mettre en œuvre un sénat élu et plus «équitable», Robert Bourassa sacrifiait le seul avantage réel qu'il avait réussi à soutirer de l'Accord du lac Meech, soit un droit de veto sur tout changement d'importance dans les institutions fédérales. Ce faisant, il laissait aller la seule arme que le Québec possédait contre la création d'un sénat qui, nul n'en doute, n'aurait sûrement pas été conforme aux intérêts de la province. Ce fut d'ailleurs un élément qui pesa lourd dans la décision du Manitoba de ratifier l'Accord.

Quant à la Cour suprême, l'Accord enchâssait la pratique déjà reconnue consistant à assigner trois juges en provenance du Québec. Au niveau de la participation dans la sélection des juges, une sorte de

---

8. Brian Mulroney, «La réponse du premier ministre Mulroney à Clyde Wells», *La Presse*, 8 novembre 1989.

double veto aurait prévalu. Le Québec aurait préparé une liste de candidats potentiels, et le gouvernement fédéral aurait fait son choix à partir de cette liste, à condition qu'il y retrouve au moins un candidat acceptable.

Mais là n'était pas le véritable problème. Celui-ci résidait plutôt à un niveau beaucoup plus global, soit celui de la société que l'on choisit et des mécanismes avec lesquels elle se donne sa légitimité. En refusant d'expliciter le concept de société distincte et en confiant à la Cour suprême la tâche d'en définir la portée exacte, l'Accord remettait carrément l'avenir du Québec entre les mains de juges non élus, dont six sur neuf proviennent des provinces anglophones. Ce faisant, le lac Meech continuait le processus d'érosion de la souveraineté parlementaire déjà fort bien enclenché par la promulgation de la Charte canadienne des droits et libertés. Depuis 1982, dans une large mesure, et sur des questions de fond pour l'avenir de toute nation, la Cour suprême gouverne plus que nos élus en rendant des décisions à caractère nettement plus politique que juridique. En signant Meech, Robert Bourassa sanctionnait ni plus ni moins le cadeau empoisonné que nous avait laissé Pierre Trudeau.

## La société distincte

Si les politiciens ont choisi de part et d'autre d'entretenir une grande confusion sur la société distincte, cela était surtout dû à la difficulté de vendre ce même concept et au Québec et au Canada anglais. On avait besoin de deux discours différents qui ne pouvaient que finir par se contredire publiquement. Ainsi, pour ne pas alarmer les Québécois trop contents de se voir enfin «acceptés» tels qu'ils étaient par le reste du pays, les politiciens pro-Meech ont omis volontairement de parler des alinéas concernant la dualité et la confirmation des pouvoirs respectifs du fédéral et des provinces dans ce domaine, lesquelles en fait, neutralisaient ni plus ni moins la portée de la société distincte. Tandis que de leur côté, les opposants trudeauistes ne se gênaient pas pour se faire du capital politique sur le dos d'un Accord qu'on dépeignait comme une concession inacceptable faite au Québec et laissant les provinces anglaises sur le carreau.

Il n'est donc pas étonnant que l'Accord ait fait l'objet des déclarations les plus contradictoires. On pourrait citer Brian Mulroney qui confirmait déjà, le 20 août 1987, que cette clause n'avait aucune portée légale: «You can be certain that there is nothing in the Meech Lake Accord that in any way diminishes the rights of women or anyone else[9].» Ou Lowell Murray qui précisait que la société distincte fonctionnerait plutôt «en harmonie» avec l'article 1 de la Charte[10]. Ou Gil Rémillard qui changeait d'idée là-dessus quasiment tous les jours. Ou encore Robert Bourassa lui-même qui voyait maintenant rien de moins que trois niveaux de protection pour la langue française au Québec: l'article 1 de la Charte, la clause de la société distincte et la clause nonobstant[11].

---

9. *Commons Debates*, 20 août 1987, p. 8248.

10. *The Gazette*, 12 juillet 1989.

11. Robert Bourassa, *Débats de l'Assemblée nationale*, 11 avril 1989, p. 5169.

Mais en réalité, la règle d'interprétation de la société distincte ne s'est pas retrouvée dans l'Accord par hasard. Après tout, pourquoi donc le fédéral aurait-il pris l'initiative d'en donner plus à un Robert Bourassa qui ne demandait pourtant que son inclusion dans le préambule? C'est essentiellement parce qu'elle devait jouer un rôle politique beaucoup plus que juridique. En créant l'illusion d'une règle pouvant mener à un accroissement des pouvoirs de l'État québécois, la société distincte camouflait ainsi la principale lacune de l'Accord qui était justement de n'établir aucun nouveau partage des pouvoirs. A-t-on échangé la règle d'interprétation contre l'assurance que l'accord n'ait pas pour effet de déroger aux pouvoirs, droits ou privilèges des parlements et des gouvernements, y compris en matière de langue? Que dire d'un premier ministre québécois acceptant un tel marché, allant ainsi à l'encontre des demandes formulées par ses prédécesseurs? Comment a-t-on pu signer une constitution en laissant, tel que le reconnaissait Claude Ryan lui-même, toute la question du partage des pouvoirs en suspens[12]?

Au-delà des chicanes de clocher et des analyses contradictoires, la société distincte demeurait vide de sens parce qu'elle n'accordait au Québec aucun nouveau pouvoir, parce qu'elle ne référait pas à la langue et à la culture françaises comme composantes essentielles de cette spécificité, et parce que les autres dispositions contenues dans l'Accord la rendaient pour ainsi dire caduque. Tout comme Pierre Trudeau l'avait fait avec sa Charte, on a tenté de nous faire

---

12. Tel que rapporté dans le *Journal de Montréal*, 6 juin 1987.

croire que la survie d'un peuple était un problème juridique, lorsqu'en réalité, il s'agit essentiellement d'un problème politique. On ne négocie pas l'avenir d'une nation en se cachant derrière un jargon d'avocat ou en refusant de négocier un nouveau partage des pouvoirs.

De plus, lorsque Robert Bourassa déclarait que «la constitution devra être interprétée selon cet article (société distincte), ce qui est bien plus fort qu'une mention en préambule[13]», il s'assurait de ne pas trop attirer l'attention sur le danger inhérent à la règle de la dualité. D'ailleurs, non content de ne pas accorder au Québec la juridiction exclusive en matière de langue, Meech accordait au fédéral et aux provinces le rôle de protéger la dualité canadienne. En vivant conjointement avec l'Accord du lac Meech et la loi 101, le Québec serait probablement devenu le seul État au monde à être simultanément bilingue et unilingue! Afin de mieux camoufler cette aberration, on se lança corps et âme dans une fausse polémique portant sur la préséance de la Charte sur la société distincte, quand, en réalité, le vrai problème se situait ailleurs. Et pendant ce temps, Robert Bourassa proclamait à tout vent que cette règle assurait enfin au Québec une «sécurité linguistique absolue».

Professeur de droit à l'Université de Montréal, José Woehrling concluait, suite au jugement de la Cour suprême du 15 décembre 1988, que le vrai problème — celui qui risquait de coûter le plus cher au Québec — était celui de l'inévitable préséance de la dualité sur la société distincte:

---

13. Cité dans Gilbert Brunet, «Bourassa est convaincu d'avoir réalisé des gains énormes», *La Presse*, 2 mai 1987.

«[...] l'Accord du lac Meech, s'il avait été en vigueur, n'aurait pas bonifié la cause de la loi 101 devant la Cour suprême. Au contraire, le «rôle» de protéger la dualité canadienne qui est assigné au Québec pourrait fort probablement être considéré comme un argument de plus pour justifier l'invalidité des dispositions qui prohibent l'anglais dans l'affichage[14].»

La majorité des spécialistes qui avait témoigné devant la Commission parlementaire québécoise avait confirmé le caractère limité de la société distincte:

«De l'avis majoritaire des experts québécois, la portée de l'article sur la société distincte est manifestement restreinte par le principe de la dualité canadienne (caractéristique fondamentale), tel qu'inscrit dans l'Accord du lac Meech, et par certaines prescriptions de la Charte des droits et libertés. En somme, selon eux, il sera difficile de faire prévaloir le français sur les autres langues au Québec en s'appuyant sur cet article[15].»

Ainsi, Meech tentait de concilier plusieurs notions irréconciliables: centralisation et décentralisation, dualité et multiculturalisme, territorialité et non-territorialité, etc. Qui trop embrasse mal étreint, et à force de vouloir donner l'impression d'un pays qui se définit par son refus de se définir, on risquait de s'enfoncer dans un bourbier juridique dont seuls les avocats auraient sans doute bénéficié. Mais y avait-il vraiment ambiguïté? Ou avions-nous affaire à une

---

14. *La Presse*, 9 janvier 1989.

15. Denis Robert, *op. cit.*, p. 149.

règle interprétative finalement beaucoup plus précise que les politiciens ont bien voulu le laisser paraître? Pour répondre à cette question, il faut évidemment regarder l'Accord dans son ensemble afin de mieux juger de son impact sur la société distincte.

La notion de dualité telle qu'explicitée dans l'Accord, réfère à l'existence à travers le Canada, d'individus d'expression française ou anglaise. Le concept de dualité est donc défini «en fonction de l'expression linguistique et non de groupes socio-culturels définis essentiellement en fonction de la langue maternelle[16]». En fait, Meech innove peu en ce domaine, puisque l'égalité des deux langues et non des groupes qui les parlent était déjà inscrite à l'article 16 de la Charte canadienne des droits et libertés. D'ailleurs, la version du 30 avril 1987 de la règle interprétative — celle que Robert Bourassa aura laissé glisser entre ses doigts — aurait enchâssé une vision territoriale et collectiviste en se référant à l'existence d'un Canada anglais et d'un Canada français. Entre avril et juin 1987, cette version fut remplacée par une version non-territoriale et donc plus individualiste. On pourrait même dire que la dualité «Meech» est en parfaite conformité avec la dualité «Trudeau» qui évacuait du portrait le biculturalisme pour le remplacer par le bilinguisme dans la Loi sur les langues officielles de 1969, et qui refusait ainsi de reconnaître le Québec comme principal foyer national de la majorité francophone au Canada. Mais rien de cela n'est un hasard. L'influence trudeauiste se retrouve d'ailleurs jusque dans la nouvelle loi sur les langues officielles du gouvernement Mulroney, ne

---

16. Michel Bastarache, «Dualité et multiculturalisme: deux notions en conflit?», *Égalité*, automne 1987-hiver 1988, p. 64.

reconnaissant qu'aux minorités linguistiques des droits collectifs dont la permanence se doit d'être assurée par Ottawa[17].

Avec Meech, le Québec se serait rapidement retrouvé coincé entre deux règles interprétatives potentiellement contradictoires, soit celle du multiculturalisme (article 27 de la Charte) et celle de la société distincte, cette dernière pouvant également entrer en contradiction avec la règle de la dualité. Nul besoin de préciser qu'une telle confusion juridique et sémantique entre droits collectifs et individuels aurait été fort dangereuse pour le Québec. Et n'est-ce pas le gros bon sens qui faisait parler Jacques Parizeau, lorsqu'il disait:

> «Si elle a vraiment une portée (la société distincte), sera toujours d'une certaine façon en conflit avec la lettre et l'esprit de la Charte des droits simplement parce que cette clause vise à protéger et à promouvoir les droits et les intérêts d'une société. L'omniprésente opposition entre les droits individuels et collectifs réapparaîtra rapidement[18].»

De toute façon, avec ou sans dualité *à la Meech*, le Québec demeure toujours lié par la Constitution canadienne et ses dispositions quant au multiculturalisme et à la dualité. Et comme si toute cette confusion ne suffisait pas, l'enchâssement constitutionnel de la présence de la minorité anglophone que le Québec se

---

17. *Ibid.*, p. 65.

18. *L'Accord constitutionnel du lac Meech*, Notes pour un discours prononcé devant la Conférence annuelle de l'Association des professeurs d'histoire et de sciences sociales de l'Ontario (traduction), Toronto, 25 octobre 1989, p. 6.

devait de protéger et de promouvoir en tant que com-
posante de la dualité, et ne l'oublions pas, de sa propre spécificité, aurait constitué un obstacle majeur à
la préservation et au développement d'une société se
voulant de plus en plus française..

Ainsi, la reconnaissance du caractère distinct du
Québec qui semblait inconditionnelle dans l'exposé de
Gil Rémillard au mont Gabriel, aura été largement
décapitée par la protection constitutionnelle de la
dualité linguistique et de la minorité anglo-
québécoise, ainsi que par la déclaration explicite que
le Québec ne bénéficierait d'aucun pouvoir nouveau
(ou différent des pouvoirs des autres provinces) pour
faire la promotion de sa spécificité. Afin d'avoir une
quelconque signification, l'article de la société distincte aurait dû accorder au gouvernement du Québec
des pouvoirs et des responsabilités élargis, de manière
à ce qu'il soit en mesure d'orienter et de développer
ce caractère distinct. La prétention de Gil Rémillard à
l'effet que la société distincte était «une véritable
déclaration de pouvoir», plutôt qu'une simple règle
d'interprétation, n'était donc pas fondée.

En signant cet accord, Robert Bourassa, fidèle à
lui-même, refusait encore une fois d'avoir à choisir.
Sauf que cette fois-ci, le choix était crucial pour l'avenir du Québec. Il était pourtant simple et clair. Ou le
Québec optait pour la dualité, c'est-à-dire le bilinguisme, ou il choisissait d'être une société véritablement distincte, c'est-à-dire française. Mais on ne peut
pas ne pas choisir dans de telles circonstances. Toute
décision fera inévitablement pencher le pendule dans
un sens ou dans l'autre. Dans le cas de Meech, rédigé
tel qu'il le fut en juin 1987, Bourassa aurait en fait
consacré le Québec, seule province constitutionnellement bilingue. Seule la clause nonobstant de la Charte

canadienne aurait permis au Québec de se soustraire aux obligations qui s'en seraient suivies. Alors, pourquoi donc avoir signé un accord obligeant le Québec à gouverner à coups de clause nonobstant? Si ce n'est, encore une fois, pour acheter une paix temporaire.

## Le «nouvel Accord» du 9 juin 1990[19]

Si l'Accord de juin 1987 était sérieusement vicié, que dire des concessions additionnelles consenties par le premier ministre du Québec suite au marathon constitutionnel de juin 1990? Même si superficiellement aucun amendement n'était apporté au lac Meech, les reculs majeurs contenus dans l'entente politique signée le 9 juin rendaient indécent le triomphalisme de Robert Bourassa. Dans le court terme, les concessions avaient été habilement maquillées, mais à plus long terme, elles auraient eu comme effet de diluer encore davantage l'Accord et d'affaiblir la position du Québec dans les négociations constitutionnelles auxquelles il s'était engagé.

À son retour d'Ottawa, la délégation québécoise n'avait pas ménagé ses efforts pour nous convaincre que l'avis juridique annexé à l'Accord n'était qu'un bout de papier sans grande importance. Pourtant, au Canada anglais, de nombreux experts et politiciens considéraient que l'avis représentait un gain significatif pour ceux qui s'opposaient à la société distincte.

---

19. La critique de la «nouvelle version» de l'Accord du lac Meech s'inspire d'un texte que j'ai publié dans *La Presse* le 18 juin 1990.

Gary Filmon et Clyde Wells auraient d'ailleurs refusé l'Accord si l'avis n'avait pas été annexé à l'entente politique. L'avocat montréalais Julius Grey, grand défenseur des anglophones, se réjouissait pour sa part sur les ondes de CBC-TV, le 11 juin dernier, du recul ainsi enregistré par la notion de société distincte. Il affirmait également sa conviction, sur la base de plusieurs précédents juridiques, que l'avis serait éventuellement pris en considération par la Cour suprême.

Comment concevoir en effet que les juges de la Cour suprême, lorsque serait venu le temps d'interpréter des lois adoptées sur la base de la société distincte, auraient pu ignorer cet avis que les premiers ministres du Canada et de toutes les provinces avaient jugé bon d'annexer à leur entente politique? Il était tout à fait aberrant de prétendre que les juges n'auraient pas cherché dans cet avis des éclaircissements sur la volonté du législateur.

En confirmant clairement l'indissociabilité de la société distincte et de la dualité canadienne, cet avis ouvrait grand la porte non seulement à la confusion, car ce sont des notions potentiellement contradictoires, mais aussi à une possible préséance de la dualité. Il confirmait également que «la clause ne créait aucune nouvelle compétence législative au profit du Parlement ou de l'une quelconque des législatures provinciales». Comme nous l'avons vu, c'était ce que Brian Mulroney et Robert Bourassa avaient affirmé pendant plusieurs mois au Canada anglais pour faire passer l'Accord. Au Québec, par ailleurs, Robert Bourassa aura prétendu à plusieurs reprises que la société distincte élargissait la marge de manœuvre et les pouvoirs du Québec.

Quant à la réforme du Sénat, le premier ministre du Québec affirmait qu'il n'avait donné son accord qu'à de vagues «paramètres» non contraignants et que, de toute manière, le Québec conservait son veto. La réalité n'était malheureusement pas si simple. À ce niveau aussi, Filmon, Wells, Carstairs, Doer, Getty et d'autres considéraient avoir remporté une victoire partielle. Qu'en était-il?

Une conférence constitutionnelle sur le sénat était prévue avant la fin de 1990. Les «paramètres» de la réforme devaient être un sénat élu, avec une représentation accrue pour les provinces moins peuplées et des pouvoirs réels tenant davantage compte des intérêts de ces provinces et reflétant la dualité canadienne. Même s'il était difficile de s'opposer à la réforme de cette institution archaïque, et même si sa représentation serait vraisemblablement demeurée intacte, le Québec aurait vu son pouvoir politique à l'intérieur de la fédération canadienne sérieusement hypothéqué s'il avait consenti à une réforme basée sur les principes contenus dans l'entente du 9 juin. En effet, un sénat donnant plus de pouvoirs aux provinces moins peuplées aurait affaibli la position relative du Québec. De plus, tel que le confirmait le réputé columnist Jeffrey Simpson, un sénat élu et donc plus légitime, avec des pouvoirs réels, aurait inévitablement renforcé l'instance fédérale aux dépens du Québec[20]. L'exemple américain montre bien que l'existence de deux chambres législatives élues au niveau fédéral augmente le poids politique de l'État central.

Parce que le hasard fait bien les choses, la version française de l'entente sur le sénat était beaucoup plus conforme aux prétentions du gouvernement du

---

20. Jeffrey Simpson, *Globe and Mail*, 8 juin 1990.

Québec que la version anglaise. Les trois «paramè-tres» de la réforme étaient des *objectives* dans le texte anglais. Mais il y avait une autre nuance importante entre les deux versions. Même si les trois paramètres étaient rédigés au conditionnel dans les deux langues, le texte anglais introduisait la réforme avec une formule affirmative (le futur «sera»): «proposals for senate reform that *will* give effect to the following objectives». Le texte français se contentait d'une réforme au conditionnel «dont la base serait les para-mètres suivants».

Au grand plaisir de ses homologues canadiens-anglais, Robert Bourassa prenait enfin l'engagement solennel, tant moral que politique, qu'il procéderait à une réforme basée sur des objectifs précis. Les attentes étaient d'ailleurs considérables au Canada anglais. Le coût politique d'une tentative d'utiliser le veto pour torpiller le processus aurait été astronomique. À tout le moins, toute revendication future du Québec aurait été reportée aux calendes grecques, et l'éventuelle «clause Canada» aurait été particulièrement épicée.

Dans l'entente du 9 juin, les premiers ministres canadiens s'étaient entendus afin d'inclure prochaine-ment dans le préambule de la constitution la défini-tion des caractéristiques fondamentales du pays. Il s'agissait là d'une concession majeure faite aux pro-vinces récalcitrantes. Même si elle devait être «com-patible avec la constitution», la «clause Canada» aurait considérablement réduit la portée déjà fort hypothéquée de la société distincte en ajoutant des éléments — le multiculturalisme et la dualité, par exemple — qui auraient dû être considérés par les juges le moment venu de trancher des litiges consti-tutionnels. Et si, par malheur, il réaffirmait les droits à l'égalité de tous les citoyens canadiens et l'égalité des provinces, le nouveau préambule aurait enterré définitivement la notion de «droits collectifs» sous-jacente à la société distincte. Considérant les modifications réelles et potentielles que le gouvernement du Québec avait déjà consenties à l'égard de la société distincte, la menace de Robert Bourassa de quitter la conférence le soir du jeudi 7 juin ressemblait davantage à une mise en scène qu'à un rare moment de fermeté.

La clause Canada étant sujette à la formule d'amendement «sept provinces représentant au moins 50 % de la population», le Québec se serait de plus retrouvé dans une position de faiblesse pour en négocier le contenu, d'autant plus que plusieurs premiers ministres canadiens-anglais se promettaient déjà de saisir cette occasion pour rendre au Québec la monnaie de sa pièce. Pour ceux qui doutent encore de la pertinence ou de la force constitutionnelle d'un préambule, il ne faut pas oublier que c'est le préambule de l'article 91 de l'AANB de 1867 qui a permis au gouvernement fédéral depuis plusieurs décennies, d'augmenter ses pouvoirs législatifs au nom de «la paix, l'ordre et le bon gouvernement».

Le processus d'adoption de l'Accord du lac Meech aurait également contribué à affaiblir globalement la position du Québec pour les rondes à venir. Le Canada anglais avait fini par consentir à Meech dans une large mesure parce qu'on avait réussi à créer des scénarios apocalyptiques sur la séparation du Québec et la dissolution subséquente du Canada anglais. Si Wells et Filmon semblaient avoir enfin craqué le soir du 9 juin 1990, ce n'était pas seulement au prix de concessions faites par le Québec, mais aussi parce qu'on les avait convaincus qu'ils devraient porter la responsabilité de l'éclatement du Canada.

Quand Robert Bourassa, sans doute un peu mal à l'aise à l'égard du butin qu'il était allé chercher à Ottawa, parlait de revendiquer à l'occasion d'une deuxième ronde plus de pouvoirs en matière de main-d'œuvre et de communications[21], il rêvait en couleurs. Les premiers ministres et les leaders d'opinion anglophones considéraient avoir déjà été très «généreux» envers le Québec. Les attentes pour les rondes constitutionnelles à venir étaient donc exceptionnellement élevées. C'était maintenant au tour du Québec de «passer au cash». Sans aucun doute, la deuxième ronde aurait été exclusivement celle du Canada anglais. Le Québec aurait dû alors se contenter de «goaler», pour utiliser l'expression d'un des principaux conseillers du premier ministre. D'ailleurs, comme le soulignait si bien Lise Bissonnette du *Devoir*:

«Le *minimum* devenait d'évidence l'ultime concession du Canada anglais à l'éternelle province rebelle. Il ne serait jamais un tremplin vers un élargissement des pouvoirs du Québec. Nous venons, au fond, de l'échapper belle. Si les Québécois n'ont jamais eu l'intention de se contenter de conditions minimales de participation à la fédération — et qui le voudrait! — ils n'ont pas à se plaindre du refus qu'on vient de leur signifier[22].»

---

21. *La Presse*, 11 juin 1990.

22. Lise Bissonnette, «Un superbe moment pour bouger», *Le Devoir*, 3 juillet 1990.

## En guise de *post mortem*

Il est fort révélateur que les critiques apportées par les nationalistes québécois aient été corroborées par une partie importante de l'intelligentsia canadienne-anglaise ayant appuyé le lac Meech. Après tout, l'Accord aurait garanti l'adhésion du Québec à la constitution canadienne en échange de changements plutôt mineurs, il contribuait à l'unité nationale, et il réduisait les tensions au sein du fédéralisme canadien. C'était notamment l'opinion exprimée par Gordon Robertson, ancien haut fonctionnaire fédéral proche du gouvernement Trudeau. Dans une analyse serrée et détaillée de Meech, intitulée «*The Five Myths of Meech Lake*», celui-ci concluait en outre que la clause de la société distincte ne conférait aucun nouveau pouvoir au Québec et n'aurait pu être utilisée à l'encontre de la Charte des droits; que l'Accord légitimait au niveau constitutionnel les programmes fédéraux dans les champs exclusifs de juridiction provinciale qui n'auraient été sujets qu'à des variations provinciales compatibles avec les objectifs du gouvernement fédéral; et finalement, que l'entente du lac Meech ne reflétait d'aucune façon l'existence de deux nations au Canada[23].

Dans toute cette affaire, le gouvernement du Québec en place s'est comporté comme s'il cherchait à tout prix, pour éviter de devoir gérer les conséquences politiques d'un échec, à en arriver à une entente politique avec le Canada anglais, et cela au

---

23. Gordon Robertson, «*The Five Myths of Meech Lake*», Ottawa, avril 1990.

détriment des intérêts dits supérieurs du Québec. Si les Québécois ont préféré fêter plutôt que pleurer le 24 juin 1990, il n'est pas difficile de comprendre pourquoi. Le *minimum* du mont Gabriel de 1986 est devenu le *compromis* du lac Meech en 1987, lequel à son tour s'est transformé en *capitulation* le 9 juin 1990 à Ottawa. Doit-on dans les circonstances faire confiance à ce même groupe d'hommes et de femmes pour redéfinir le statut politique du Québec? J'y reviendrai.

CHAPITRE III

# Du capharnaüm au psychodrame

## La réconciliation nationale

Dès son arrivée au pouvoir, Brian Mulroney s'engage, dans son célèbre discours de Sept-Îles, à réintégrer le Québec dans la famille constitutionnelle, dans *l'honneur et l'enthousiasme*. Pour le Québec, ces quelques mots susurrés au premier ministre par Lucien Bouchard signifiaient qu'Ottawa entendait enfin livrer la marchandise jadis promise par Pierre Trudeau en 1980.

Par contre, si on se référait au programme électoral du PLQ de 1985, les choses s'annonçaient plutôt mal, car Robert Bourassa semblait déjà prêt à négocier à rabais. D'ailleurs, les demandes qui y étaient formulées se situaient nettement en deçà de celles du gouvernement Lévesque. Des 22 conditions soumises par le PQ, Robert Bourassa n'en retenait maintenant que cinq.

Il faut dire qu'après deux décennies de confrontation entre Ottawa et Québec, le premier ministre pouvait profiter d'une conjoncture qui s'était mise à l'heure de la réconciliation nationale et de la véritable confédération. La bonne volonté fusait littéralement de partout. Le NPD de Broadbent consentait dans la discrétion. Faisant momentanément un pied de nez monumental aux trudeauistes du parti, le PLC de Turner s'engageait à reconnaître le caractère distinct du Québec[1]. Quant à lui, le PQ de Pierre-Marc Johnson s'entendait pour faire disparaître tranquillement le spectre de la souveraineté.

De son côté, Ottawa préparait le terrain en procédant rapidement à une série de concessions envers le Québec[2]. Jusqu'à David Peterson qui disait comprendre la «nature spéciale et unique du Québec et son besoin de protection spécifique[3]», et qui promettait de ranimer l'axe historique Ottawa-Toronto-Québec. Et pourtant, c'est le même Peterson qui s'opposera farouchement à tout statut particulier pour le Québec jusqu'à la ratification de Meech en juin 1987 et qui profitera de sa campagne électorale pour menacer le Québec de le traîner en cour si jamais il ne jouait pas selon les règles constitutionnelles établies.

Au grand plaisir de Robert Bourassa, les premiers ministres provinciaux réussirent tout de même à s'entendre à Edmonton, en août 1986, pour que cette ronde de négociations soit exclusivement celle du Québec. Les listes d'épicerie viendront évidemment beaucoup plus tard, une fois qu'on aura oublié ce petit engagement. Sur la base des cinq conditions du

---

1. Gilles Paquin, «Les libéraux reconnaissent le caractère distinct du Québec», *La Presse*, 30 novembre 1986.

2. Entre autres, sur le développement économique régional et sur la reconnaissance des compétences internationales du Québec.

3. Cité dans Jean-Louis Roy, «Unique, le Québec a besoin de protections spécifiques», *Le Devoir*, 19 juin 1985.

Québec débute alors le vrai travail — celui des fonctionnaires, des avocats, des consultations et des comités.

Si certains, tel Daniel Latouche[4], ont alors vu en Robert Bourassa un «habile négociateur» ayant fait cédé Ottawa sur toute la ligne, il semble plutôt qu'en optant pour le minimum, et ce, malgré une conjoncture qui le plaçait pourtant en position de force, il se sera finalement contenté de fort peu.

Pseudo-démocrate, Robert Bourassa aura même poussé l'audace jusqu'à instituer une commission parlementaire qui n'aura eu que 35 heures pour étudier un document d'une telle importance. Le PQ et le PLQ y lanceront leur artillerie lourde avec les Morin, Chaput-Rolland, Beaudoin, Dion, Parizeau, etc. Par contre, les critiques nationalistes — que l'on comparera d'ailleurs à celles des fédéralistes centralisateurs dans la mesure où on les considérait être complètement déphasées — n'auront finalement eu que peu de portée et d'écoute.

En fait, si le 4 juin 1987, Brian Mulroney pouvait donner l'impression d'avoir enfin tenu la promesse faite par Pierre Trudeau en mai 1980, que le Canada anglais semblait avoir dit «oui» à un Québec distinct, que les éditorialistes québécois chantaient les louanges de l'Accord, et que Robert Bourassa pouvait affirmer que le Canada était «un des meilleurs pays au monde» et qu'il pouvait donc maintenant «repartir la tête haute», c'était surtout parce que tout cela s'était fait dans la plus grande discrétion et la plus grande indifférence d'un public largement mystifié par le jargon juridique et les conséquences de l'Accord.

---

4. Voir Daniel Latouche, «L'art de négocier : la version du lac Meech», *Le Devoir*, 12 mai 1987.

Dans l'euphorie du moment, la société distincte que les libéraux du Québec souhaitaient dans le préambule s'est retrouvée «promue» au rang de règle interprétative. Trop occupés à pavoiser, peu d'analystes québécois auront alors porté attention à l'autre règle — celle de la dualité — dont la portée réelle allait se faire sentir en décembre 1988, lors du jugement rendu par la Cour suprême sur l'affichage unilingue. En rétrospective, la prétention de Robert Bourassa à l'effet que le français au Québec était dorénavant protégé de «façon absolue»[5] apparaît aberrante.

Dans les médias québécois, on se targuait de voir dans l'Accord un gain substantiel pour le Québec, voire même l'acquisition d'une «marge de manœuvre» porteuse de nouveaux pouvoirs. Les nationalistes qui osaient s'opposer à Meech étaient conspués et dénoncés comme des «empêcheurs de tourner en rond», des «mauvais perdants», ou de malheureux «vaincus». *Le Soleil* allait même jusqu'à titrer «Si le PQ devenait superflu[6]!», pendant que de son côté, Michel Vastel se moquait ouvertement de Pierre-Marc Johnson[7]. Criant dans le désert, plusieurs nationalistes avaient toutefois déjà décelé les principales lacunes de l'Accord. Il faut également rappeler que malgré le peu de couverture qu'on lui accorda, Pierre-Marc Johnson aura tout de même livré une bonne bataille au premier ministre. Jusqu'à Gilles Rhéaume qui avançait une prédiction qui semblait tout à fait farfe-

---

5. Cité dans *Le Devoir*, 4 juin 1987.

6. Édition du 11 juin 1987.

7. Michel Vastel, «Souffle l'esprit du lac Meech», *Le Devoir*, 28 septembre 1987.

lue à l'époque, selon laquelle Meech finirait inévitablement par relancer le mouvement indépendantiste[8].

Les Canadiens anglais qui s'opposaient à la société distincte étaient considérés comme étant fanatiques et nettement minoritaires. On prétendait que les nationalistes étaient dépassés et que les trudeauistes étaient bel et bien morts et enterrés. Pourtant tous, autant qu'ils furent, ne tarderaient pas à réclamer leur dû. Dommage, en effet, qu'on ait porté si peu d'attention à la lecture fort différente de l'Accord que faisait pendant ce temps le Canada anglais. Dommage qu'on n'ait pas trop montré les premiers ministres anglophones traitant Robert Bourassa comme *one of the boys*. Dommage qu'on n'ait pas écouté John Turner qui disait dans un rare moment de lucidité, que «l'ambiguïté de l'entente du lac Meech qui laissait croire à certains que nous retournions au concept des deux nations a été corrigée[9]». Dommage aussi qu'on n'ait pas lu attentivement le rapport du Comité mixte spécial du sénat et de la Chambre des communes sur l'entente constitutionnelle, dans lequel on retrouvait une vision du Québec fausse et méprisante. Ce qui a fait dire à un de ses rares lecteurs qu'on en tirait l'impression d'un Québec collant, épineux et coûteux[10].

Il faut toutefois croire que Robert Bourassa préférait ne pas laisser trop de temps aux analyses en profondeur auxquelles auraient pu se livrer ces *party*

---

8. Cité dans Mario Fontaine, «Colère et déception chez les groupes nationalistes», *La Presse*, 4 juin 1987.

9. Cité dans *La Presse*, 6 juin 1987.

10. Daniel Latouche, «Un livre oublié», *Le Devoir*, 20 février 1988.

*poopers*, puisqu'il a suspendu aussi bien le règlement que les travaux parlementaires afin de faire ratifier l'Accord par l'Assemblée nationale avant l'ajournement des travaux. Ainsi, devant un Canada anglais qui ruait déjà dans les brancards, Robert Bourassa préféra envoyer un message clair pour qu'on puisse passer à autre chose le plus rapidement possible. Et déjà, avant même que les signatures des premiers ministres canadiens-anglais ne soient sèches, il sentait le besoin de refuser tout changement ou amendement. La lune de miel aura tout de même été un peu courte.

La brèche était pourtant là, s'agrandissant inexorablement à mesure que Robert Bourassa et Gil Rémillard se vantaient d'avoir fait des «gains énormes» pendant que Brian Mulroney et Lowell Murray s'évertuaient à dire exactement le contraire au Canada anglais. «Qui dit vrai?» demande Pierre-Marc Johnson au premier ministre. On demandera à la Cour suprême, aurait pu tout aussi bien répondre Robert Bourassa.

Au cours de l'été 1987, un Comité mixte spécial du sénat et de la Chambre des communes fit ressortir qu'il y avait au Canada anglais une vive opposition à cet Accord et que nombreux étaient ceux à en exiger la réouverture. C'est alors que les pro-Meech vont quitter le terrain de l'argumentation rationnelle pour ne plus parler qu'en termes de conséquences désastreuses que pourrait avoir un échec. Cette menace d'apocalypse constitutionnelle rappelait étrangement le référendum de 1980, tout en démontrant une triste incapacité à défendre l'Accord sur ses mérites.

L'appui du Québec au libre-échange à l'occasion de l'élection fédérale du 21 novembre 1988, et le contrat d'entretien des F-18 octroyé à Bombardier plutôt qu'à une firme manitobaine, allaient fournir au

Canada anglais les premiers d'une longue série de prétextes pour s'opposer à un accord qu'il n'aurait pu de toute façon accepter. Y seront passés la réforme du sénat, les femmes, les autochtones, les Anglo-Québécois, les francophones hors-Québec, les communautés ethniques, et j'en passe.... On n'a qu'à se rappeler le premier ministre manitobain, Howard Pawley qui, avertissant Robert Bourassa que Meech risquait maintenant d'en écoper sérieusement à cause de son appui au libre-échange, reconnaissait du même coup que la majorité des députés des trois partis provinciaux était de toute façon farouchement opposée à l'Accord[11], et qu'il existait bel et bien dans l'Ouest un «ressac anti-Québec[12]».

Malgré l'orage qui se pointait, seuls la Colombie-Britannique, Terre-Neuve, le Nouveau-Brunswick et le Manitoba n'avaient pas encore ratifié l'Accord en juin 1988. Par contre, et c'est là que tout allait se jouer, l'opposition se faisait de plus en plus forte dans l'opinion publique canadienne-anglaise.

## L'effritement de l'appui

Toujours aussi impatient et impénitent, Pierre Trudeau lançait la première salve contre l'accord

---

11. Michel Vastel, «Bourassa paiera cher son appui à Mulroney», *Le Devoir*, 18 décembre 1987.

12. Maurice Girard, «Pawley reconnaît qu'il existe un ressac anti-Québec dans l'Ouest», *La Presse*, 16 mars 1987.

avant même que sa version finale n'ait été rédigée[13]. Trop pressé de faire voir les aveugles et de faire marcher les infirmes, l'ancien premier ministre les aura plutôt rendus sourds aux revendications du Québec.

C'est alors que sonnant le rassemblement des troupes, l'ancien premier ministre entrouvrit le placard canadien dont allait enfin sortir un nombre effarant de squelettes. Et quoi de mieux pour réveiller les morts que de vieilles idées que l'on croyait enterrées — telle sa fameuse vision du pays, demeurée inchangée après toutes ces années:

> «[...] depuis 1982, le Canada avait sa constitution, incluant une Charte qui liait aussi bien les provinces que le fédéral. Désormais, la fortune favorisait le gouvernement canadien; il n'avait plus rien de très urgent à demander aux provinces: ce sont elles qui étaient devenues demanderesses. Désormais "l'évolution constitutionnelle canadienne" aurait pu se faire sans préconditions et sans chantage, mais donnant donnant, entre parties égales. [...] en assurant un équilibre créateur entre les provinces et le gouvernement central, la fédération allait pouvoir durer mille ans[14]!»

Dans le *Reich* de Pierre Trudeau, l'égalité, c'est donc un rapport de forces favorisant nettement le gouvernement central au détriment, surtout, de la seule province qui ait vraiment besoin de pouvoirs particuliers. L'auront compris les Wells, Carstairs, Filmon et compagnie, qui s'empresseront maintenant de

---

13. Dans «Comme gâchis total, il serait difficile de trouver mieux», *La Presse*, 27 mai 1987.

14. *Ibid.*

faire fi de la promesse des premiers ministres provinciaux «d'examiner à titre prioritaire les conditions du Québec et de ne pas lier l'issue de cet examen à celui de leurs propres propositions constitutionnelles[15]».

Se payant une retraite plutôt active, Pierre Trudeau multiplia les interventions, que ce soit en s'adressant, *en anglais seulement,* au Comité plénier du sénat, en poussant les provinces anglaises à demander à la Cour suprême de se prononcer sur le sens légal de la société distincte, ou en publiant deux livres en moins de deux ans. En accusant Brian Mulroney d'avoir acheté la paix à tout prix, Pierre Trudeau feignait d'oublier la clause nonobstant qu'il avait lui-même offerte aux provinces de l'Ouest en échange de la ratification de la Constitution de 1982. Clause qui devait d'ailleurs s'avérer pour le Québec son seul véritable instrument de pouvoir.

Pendant que l'aïeul se déchaînait, le vrai chef du PLC, lequel s'était pourtant opposé à l'entente d'avril 1987, préféra finalement l'appuyer, sans doute pour ne pas perdre une base électorale déjà fragile au Québec. La belle unanimité au PLC n'allait toutefois pas faire long feu. À part les hésitations qu'exprimaient ouvertement les libéraux de Peterson et l'élection de Frank McKenna au Nouveau-Brunswick, le moment de vérité allait sonner lors du vote sur l'Accord à la Chambre des communes, le 26 octobre 1987. C'est alors que plus du quart des députés libéraux votèrent contre, et que le vent se mit à tourner définitivement en faveur de la vieille garde. Faisant fi de la position officielle du parti, les sénateurs libéraux, presque tous

---

15. Lowell Murray, «Ne rouvrons pas l'Accord du lac Meech», *La Presse,* 11 septembre 1987.

nommés par Pierre Trudeau, refuseront également d'entériner l'Accord.

Préparant le terrain pour le retour du *p'tit gars de Shawinigan*, la chicane de famille allait bientôt dégénérer en un véritable putsch. Cette page de l'histoire du PLC est peu reluisante et aura résulté en un parti dévoué presque exclusivement aux intérêts du Canada anglais. Et que dire de la croisade anti-Meech livrée par les troupes libérales d'un océan à l'autre (mis à part, le Québec, bien entendu)? Que dire des Carstairs, Wells et McKenna qui, portés par la vague Trudeau, ont pris plaisir à donner des leçons de libéralisme au Québec, pendant que l'un d'entre eux se préparait à renier la signature de son prédécesseur?

Le Québec ayant profondément changé depuis dix ans, l'effet escompté aura toutefois été fort différent de celui obtenu en 1980. Le courant libéral trudeauiste aura cette fois-ci plutôt contribué à la montée du souverainisme au Québec. Il va également sans dire que la magouille anti-Meech aura été un facteur important dans le départ de John Turner. Il n'aura pas su convaincre son caucus, peu convaincu qu'il était lui-même du bien-fondé de cet accord.

Le NPD ne pouvait non plus échapper au cyclone Meech. Derrière la façade de l'appui indéfectible d'Ed Broadbent, se trouvait un parti fortement divisé sur la question. Alimentant le momentum qui allait à l'encontre de l'Accord, le NPD, sous la direction d'Audrey McLaughlin, allait réclamer des amendements majeurs dont il avait pourtant approuvé le texte original. Cohérente, du moins en apparence, Madame McLaughlin s'était opposée publiquement à l'Accord depuis son élection à la Chambre des communes en juillet 1987. Je dis bien en apparence, considérant qu'elle ait eu l'audace, dès le lendemain de l'échec de Meech, de reconnaître l'inévitabilité d'une nouvelle entente entre le Québec et le Canada du genre souveraineté-association. Preuve encore que le caractère distinct du Québec ne pose problème à personne au Canada anglais tant et aussi longtemps qu'il soit dépourvu de sens ou qu'il se vive *à l'extérieur* de la fédération. Je rappellerai également qu'à l'instar de plusieurs Canadiens anglais, elle n'aura pas su démontrer la même détermination à défendre la société distincte québécoise que celle des Iroquois lors de la crise d'Oka.

Il reste que dans les premiers jours de l'Accord, le Canada anglais semblait prêt à accepter ce qui paraissait être la défaite définitive de la vision trudeauiste. Un sondage Goldfarb révélait alors que la majorité des Canadiens de langue anglaise approuvait l'Accord du lac Meech[16]. Mais cela faisait beaucoup trop d'apparences trompeuses qui allaient se démentir très rapidement. Déjà, bien avant de se précipiter sur l'extraordinaire prétexte qu'allait devenir la loi 178, le Canada anglais cherchait à exprimer son opposition à un accord qui reconnaissait, disait-on, le caractère distinct du Québec. Les Québécois qui ne lisaient que le *Globe and Mail* croyaient rêver devant le bonheur qu'on y sentait à voir le Québec réintégrer de plein gré la Confédération. Quant à eux, les éditorialistes de la majeure partie des grands quotidiens canadiens-anglais s'entendaient plutôt pour dénoncer un accord qu'ils considéraient avoir été payé beaucoup trop cher. On enjoignait le premier ministre canadien de prendre son temps afin qu'un «bon»

---

16. *The Globe and Mail*, 2 juin 1987.

accord soit ratifié. Faut-il rappeler que le Canada anglais n'avait pas fait preuve des mêmes scrupules lors de la nuit des longs couteaux?

Malgré tout, Meech a réussi à surnager, tant bien que mal, pendant presque un an. Par contre, déjà à la mi-mai 1988, la situation commençait à se désagréger sérieusement. Ça craquait de partout dans les rangs du PLC et du NPD. Frank McKenna, élu en octobre 1987 avec 58 sièges sur 58, exigeait des protections supplémentaires pour les Acadiens et l'abrogation du droit de retrait dans le cas des programmes fédéraux. Gary Filmon, à la tête d'un gouvernement minoritaire fraîchement élu au Manitoba, déclarait «que l'entente de 1987 venait loin dans sa liste des priorités[17]». Sharon Carstairs refusait de signer si la Charte n'avait pas absolue préséance sur la société distincte. Gary Doer reniait les positions prises par son prédécesseur, Howard Pawley. Les Territoires du Nord-Ouest et le Yukon craignaient que l'approbation unanime requise dans l'Accord ne les empêche à tout jamais d'obtenir le statut de province. Les francophones hors-Québec exigeaient que toutes les législatures aient la responsabilité de promouvoir la dualité, et les autochtones demandaient que leurs droits soient enchâssés dès maintenant.

Dans tout cela, le rôle de Frank McKenna fut évidemment crucial, mais non décisif. Il ouvrit le bal en étant le premier chef de gouvernement provincial à rejeter l'Accord du lac Meech. Issu d'un milieu loyaliste et plutôt conversateur, le premier ministre du Nouveau-Brunswick avait bien l'intention de convaincre les autres premiers ministres de rouvrir l'Accord.

---

17. *La Presse*, 21 mai 1988.

Mais ce sera McKenna le politique, celui qui ambitionne de se lancer dans l'arène fédérale, qui l'emportera devant les caméras et micros de la CBC lorsqu'il se ralliera à la dernière minute. Question, bien sûr, de jouer au grand rassembleur et au sauveur *in extremis* de l'unité canadienne.

De son côté, le Manitoba ruait sérieusement dans les brancards. Gary Filmon était coincé dans une position absolument insoutenable devant une Sharon Carstairs refusant tout compromis. Et pourtant, Gary Filmon ne s'engageait-il pas, en novembre 1988, à faire ratifier l'Accord le plus vite possible[18]? Peu se souviendront de sa sortie contre Pierre Trudeau qu'il accusait alors d'avoir «divisé le pays avec des menottes constitutionnelles», ou de sa profession de foi envers l'Accord, quitte à apporter des modifications une fois ratifié[19]. Si une telle témérité ne pouvait tenir devant la menace par trop réelle de perdre le pouvoir, de toute façon, on s'explique mal comment il aurait pu défendre cet accord dans une province où les sentiments anti-francophones et où la hantise entretenue envers le Québec et l'Ontario remontent à très loin.

C'est par contre l'arrivée au pouvoir de Clyde Wells qui aura asséné le coup de grâce à un Accord déjà cliniquement mort. Moins de douze heures après son élection, il promettait déjà de rescinder la sanction de l'Accord du gouvernement Peckford. Si la guerre d'usure qui s'ensuivit entre St-Jean, Ottawa et Québec

---

18. «Le Manitoba ratifiera l'Accord du lac Meech», *Le Journal de Québec*, 1er novembre 1988

19. «Refuser l'Accord du lac Meech, c'est reporter les négociations dans dix ans, dit Filmon», *La Presse*, 17 décembre 1988.

rappelait vaguement l'époque Trudeau-Lévesque, elle n'aura toutefois servi qu'à attiser les passions au Canada anglais. À l'instar d'un Pierre Trudeau irrémédiablement déconnecté de la réalité québécoise, Clyde Wells aura démontré une évidente ignorance de *la belle province*. Et encore un autre qui disait au Canada anglais exactement ce qu'il voulait entendre: que le Québec était une province comme les autres, que la clause de la société distincte nous permettrait d'opprimer nos anglophones[20], etc.

Jetant de l'huile sur le feu, le recours du Québec à la clause nonobstant et la promulgation de la loi 178 auront marqué un point tournant dans l'opinion publique canadienne-anglaise. Pour les politiciens, ils offraient un prétexte inespéré pour ressortir l'épouvantail de la société distincte. Pendant que l'Alberta punissait le député Léo Piquette pour avoir osé s'exprimer en français au Parlement provincial, que le Manitoba continuait à tenter de museler sa minorité francophone, que la Saskatchewan et l'Alberta confirmaient chacune son statut unilingue anglais, que la Colombie-Britannique ne comptait en tout et partout qu'une poignée d'écoles françaises, on n'allait quand même pas hésiter à crier au scandale. Et c'est Gary Filmon, premier ministre de la province la plus historiquement anti-francophone du pays, qui se sera réclamé le premier de la loi 178 pour justifier sa volte-face sur Meech.

---

20. Clyde Wells, «Pas de statut spécial pour le Québec», *Le Devoir*, 20 janvier 1990.

## Les conséquences de l'effritement

En subordonnant tout à la quête obsessive de la ratification de l'Accord, et en évitant à tout prix la confrontation avec Ottawa, la stratégie de Robert Bourassa aura coûté cher au Québec[21]. De plus, en rompant avec l'approche traditionnelle qui constituait à toujours revendiquer un accroissement des pouvoirs du Québec, le premier ministre s'est compromis dès le début. Qui donc peut se vanter dans une négociation majeure d'avoir demandé le minimum? Et lorsque ce minimum flotte dans l'ambiguïté la plus totale, peut-on s'étonner que des interprétations divergentes mènent éventuellement à de graves conflits? Sans compter qu'en s'exposant au rejet d'un minimum, Robert Bourassa minait le terrain des fédéralistes au Québec. Car, si la stratégie de Brian Mulroney dans ce dossier aura été des plus discutables, celle de Robert Bourassa aura été carrément désastreuse.

Le premier ministre du Québec s'est donc retrouvé piégé par sa propre stratégie et confronté à l'opposition profonde qui se dessinait au Canada anglais. Au Québec, où sa popularité était en baisse, Robert Bourassa a amorcé un glissement au PLQ vers un nationalisme beaucoup plus proche de celui du PQ. C'est surtout lors de la campagne électorale de septembre 1989 que les discours et les symboles du PLQ

---

21. Voir Jacques Brassard, *Le prix à payer pour le Québec de l'Accord du lac Meech. Bilan des relations fédérales-provinciales. Décembre 1985-février 1989*, Québec, 1989, pp. 12-31. L'auteur y estime à *plus de 8 milliards de dollars*, la perte de contrats importants pour le Québec depuis les débuts du «love-in» Bourassa-Mulroney.

allaient «s'ajuster» à l'humeur des Québécois. Rappelons que c'est à ce moment que le PLQ inséra dans son nouveau logo «bleu comme le ciel», un énorme fleurdelisé, rendant la différenciation avec les affiches du P.Q. fort hasardeuse... Robert Bourassa semblait aussi se plaire à parler de l'«État du Québec», une expression autrefois rendue célèbre par Jean Lesage. Évidemment, son attitude n'était pas gratuite. Au Québec, depuis que le vent avait tourné contre Meech au Canada anglais, le «nationalisme» devenait une plateforme politique crédible et «payante». D'autant plus que depuis la démission de ses trois ministres anglophones suite à la loi 178 et la défection d'une partie de son électorat de langue anglaise, le PLQ s'était rendu compte qu'il pouvait maintenant se payer le luxe d'être plus nationaliste — du moins en paroles — sans que cela n'ait trop de conséquences.

Après tout, pour la première fois de son histoire, la menace d'éclatement du pays ne venait pas du Québec, mais bien du Canada anglais qui refusait la reconnaissance de la spécificité québécoise. L'épisode de Sault-Ste-Marie aura permis aux Québécois de voir à travers l'écran de fumée de l'indignation bien mal placée du Canada anglais envers la loi 178. Ils auront compris que fondamentalement, le Canada anglais demeurait incapable d'accepter la différence du Québec au sein du Canada. Ils auront senti le rejet qui émanait non seulement de l'APEC, mais également des Filmon, Wells et de la majorité des Canadiens anglais. La vague d'unilinguisme anglais et la montée subséquente du souverainisme au Québec traduisent cette compréhension des véritables enjeux.

Que l'APEC ait été un phénomène relativement marginal avec ses comparaisons du français au SIDA, nul n'en doute. Toutefois, et n'en déplaise à plusieurs anglophones, les Québécois auront compris que cet épiphénomène n'était qu'un symptôme parmi d'autres d'un pays qui n'était tout simplement plus viable pour eux. En témoigne la montée fulgurante de l'option souverainiste dans les sondages presque hebdomadaires qui ont jalonné et dicté en partie le cours des événements.

Cette montée fut constante et rapide. En novembre 1989, 50 % des Québécois souhaitaient toujours demeurer à l'intérieur du Canada, même après l'échec de Meech (Sorecom). Par contre, en mars 1990, IQOP rapportait que 67,5 % des Québécois répondraient maintenant «oui» à la question référendaire de 1980. Après dix ans de «veilleuse», le nationalisme reprenait donc son droit de cité. Dans un sondage effectué en avril 1990, l'*Actualité*[22] traçait le portrait d'une société arrivée à l'aboutissement de 30 ans d'affirmation nationale, mais profondément blessée par la réaction du Canada anglais vis-à-vis du lac Meech. Soixante-cinq pour cent des Québécois interrogés estimaient que les Canadiens anglais leur étaient plutôt hostiles. Le coup de l'APEC et le rejet de la société distincte avaient donc porté au flanc, au point où dans un sondage Angus Reid datant du 11 juin 1990, soit dès le lendemain de la ratification de Meech II, seulement 18 % des Québécois considéraient que Meech était un bon accord[23].

---

22. Édition du 1er mai 1990.

23. *The Gazette*, 13 juin 1990.

## Des histoires de peur

En fait, les crises de *prima donna* que Robert Bourassa servait régulièrement au Canada anglais n'auront finalement servi à rien. Sans Meech, disait-il, le monde allait s'arrêter de tourner et les souverainistes allaient reprendre le pouvoir au Québec. Combien de fois l'a-t-on vu pleurer sur l'épaule du Canada anglais parce qu'il était le seul chef de gouvernement au pays à avoir une opposition séparatiste. Jouant le tout pour le tout, Brian Mulroney adopta alors le même discours. Le Canada se briserait, et le chaos économique, y compris la chute du dollar et la hausse des taux d'intérêt, suivrait inévitablement l'échec de Meech.

La stratégie n'a pas fonctionné, ne serait-ce que parce qu'elle était exclusivement en réaction au rejet de plus en plus marqué du Canada anglais et qu'elle sous-estimait grandement l'opposition profonde qui existait dans le reste du pays. Le momentum était maintenant définitivement anti-Meech. Et si Gary Filmon semblait avoir cédé aux pressions le soir du 9 juin 1990, il s'empressa de se cacher derrière Elijah Harper pour mieux conserver l'appui de son électorat, faire porter l'odieux du rejet de l'Accord aux autochtones, et le tout, en se faisant passer pour une victime de Brian Mulroney.

Avec ses menaces d'une superstructure encore indéfinie ou de la préparation d'une mystérieuse solution de rechange, Robert Bourassa tentait surtout de briser la résistance du Canada anglais. S'appuyant sur des rapports confirmant la viabilité économique d'un Québec souverain, il contribua à créer l'impression totalement loufoque que seul le Canada anglais souffrirait économiquement d'une séparation éventuelle du Québec. Il promettait l'apocalypse à l'Ouest, le paradis perdu au Québec, et la peste bubonique à Terre-Neuve. Si ces malédictions auront réussi à ébranler la certitude d'un Clyde Wells, elles n'auront toutefois pas fait bouger l'opinion publique canadienne-anglaise.

Le changement radical de ton qui s'est opéré chez Robert Bourassa suite à l'entêtement des Wells, Filmon et McKenna, aura également enclenché une toute nouvelle dynamique au Canada. En jouant la carte du séparatisme, Robert Bourassa sous-estimait grandement l'ampleur de l'opposition au Canada anglais et alimentait d'autant plus au Québec le sentiment de rejet. Mais l'heure de vérité avait sonné. C'est alors que Bourassa énonça une vérité que peu voulaient entendre, c'est-à-dire que le Canada anglais avait probablement beaucoup plus besoin du Québec que l'inverse. Ce faisant, Robert Bourassa s'enfermait dans une contradiction qui minait sa crédibilité: si le fédéralisme n'est plus vraiment payant pour le Québec, pourquoi donc s'entêter à vouloir réintégrer la grande famille canadienne?

## Le rapport Charest

La décision d'accepter les recommandations de Frank McKenna comme base au Comité Charest, en sachant trop bien qu'elle provoquerait l'ire du Québec tout en créant au Canada anglais des attentes impossibles à satisfaire, fut la suprême et ultime maladresse de Brian Mulroney. Il força ainsi un PLQ de plus en plus coincé à voter une version encore plus «radicale» d'une motion présentée par le PQ qui refusait tout changement ou amendement pouvant être apporté à l'Accord.

En ajoutant sans vergogne une liste d'épicerie considérable à un Accord déjà fort dilué, le rapport du Comité Charest, déposé à la mi-mai 1990, ignorait totalement que Meech était censé répondre exclusivement aux demandes du Québec. Que Jean Charest ait accepté de s'associer à une telle démarche relève d'un opportunisme politique qui risque de le hanter longtemps. Quoi qu'il en soit, ce rapport aura au moins servi à clarifier, une fois pour toutes, les enjeux du débat. Il devenait de plus en plus clair que les deux solitudes étaient maintenant sur le point d'entrer en collision. C'est alors que la saignée chez les conservateurs a débuté avec le départ prévisible des François Gérin et Lucien Bouchard. Depuis, on a beaucoup reproché à Brian Mulroney d'avoir été la cause de son propre malheur en ayant invité des nationalistes québécois à se présenter sous la bannière conservatrice, et plusieurs[24] auront traité Lucien Bouchard d'opportuniste, de fanatique ou de démagogue, au lendemain de sa démission. Pourtant Lucien Bouchard n'avait pas le choix. Il s'était toujours engagé à ce que l'Accord soit adopté sans modification et il avait la conviction que c'était aussi la position de «son» gouvernement. Or, plusieurs des 24 recommandations du rapport Charest, même si elles auraient pu faire l'objet d'un accord parallèle, contredisaient l'esprit et

---

24. Dont les Lysiane Gagnon et Gretta Chambers.

la lettre du lac Meech. Avec raison, donc, Lucien Bouchard se sentait trahi.

La violente réaction contre Lucien Bouchard au Canada anglais s'explique en partie par le refus de certains d'accepter que la situation se soit très compliquée au Québec depuis le référendum. Dans ce sens, la présence des Bouchard et Gérin a mis le Canada anglais face à la nouvelle réalité québécoise. Par contre, leur démission aura définitivement sonné le glas du fédéralisme renouvelé dont Pierre Trudeau avait maintenant l'audace de renier la paternité! Mais malheureusement, on aura préféré lire dans tout ça un complot rendu possible par l'incompétence et l'aveuglement volontaire de Brian Mulroney. D'où l'énorme soulagement de voir ces «traîtres» quitter enfin le Parti conservateur, et l'espoir de voir le nouveau bloc québécois se désagréger le plus rapidement possible[25].

## Dorénavant, le Canada sera un vrai pays...

Quand le premier ministre du Québec décida de se rendre à la conférence de la dernière chance à Ottawa, malgré les conseils de plusieurs Québécois, il s'engageait dans une dynamique dont il ne pouvait sortir gagnant. Afin de rendre l'Accord plus acceptable au Canada anglais et de permettre aux provinces récalcitrantes de le ratifier, il devait obligatoirement

---

25. Voir Gretta Chambers, «By-Election : Lucien Bouchard's Candidate the One to Beat», *The Gazette*, 19 juillet 1990.

faire des concessions. Même si elles furent habilement maquillées et cachées derrière la sortie fracassante de la mi-semaine, elles n'en furent pas moins majeures. Clamant que le Québec refuserait dorénavant de participer à toute discussion concernant la société distincte (ce qui sera démenti quelques jours plus tard[26]), il allait tout de même accepter d'en amoindrir substantiellement la portée.

Le marathon d'Ottawa fut avant tout un spectacle médiatique. On assista à des professions de foi patriotiques de la part des Ghiz, Getty et Peterson, ainsi qu'au volte-face de Frank McKenna, qui tenta de faire oublier son «erreur de calcul» par rapport aux conséquences du rejet de Meech. Robert Bourassa, de son côté, proclama aux petites heures du matin, le 10 juin, que «dorénavant, avec la ratification de l'Accord, pour tous les Québécois, le Canada sera un vrai pays». Néanmoins, les séances de «tordage de bras» à Ottawa passèrent à un cheveux de réussir. Avec l'aide notamment de scénarios apocalyptiques et du commando Chrétien, on a réussi à obtenir l'adhésion du trio manitobain, voire même à semer le doute chez Clyde Wells.


## Dorénavant, le Québec sera un vrai pays...


Ne voyant absolument pas venir ce qui allait se passer au Manitoba, Robert Bourassa se sera péter les

---

26. Voir Denis Lessard, «Québec a contribué à l'opinion juridique sur la société distincte», *La Presse*, 14 juin 1990.

bretelles un peu trop vite à son retour d'Ottawa en déclarant que «la fièvre nationaliste n'aura été qu'un feu de paille[27]». Rien n'allait pourtant empêcher l'Accord du lac Meech de rendre l'âme à la date prévue. Les «assassins» auront été nombreux et, comme on pouvait le prévoir, tous aussi empressés les uns les autres à bien s'en défendre.

Au premier coup d'œil, on pourra toujours blâmer Elijah Harper pour l'échec. L'Histoire ironisera sur le fait que le Canada anglais, du jour au lendemain, se soit découvert une passion pour une nation qu'elle aura toujours traitée comme un sous-prolétariat. Quiconque aura parcouru les grandes villes canadiennes-anglaises l'aura constaté *de visu*. En fait, on se sera honteusement servi d'une nation pour mieux en combattre une autre. Après avoir commis l'erreur de signer un accord dont personne ne voulait au Manitoba, le trio Filmon-Doer-Carstairs réussissait surtout à sauver la face devant une opinion publique nettement anti-Meech, tandis que Clyde Wells, bouc émissaire émérite, pouvait en toute quiétude se soustraire à sa promesse de tenir un vote au parlement terre-neuvien. Ce faisant, il évitait ce qu'il avait craint depuis le début, soit de se retrouver seul à refuser l'Accord.

C'est alors que retombant toujours sur ses pattes, Robert Bourassa, le *born again Canadian*, laissera la place au Bourassa, chef d'État et défenseur des intérêts supérieurs du Québec:

«Le Canada anglais doit comprendre de façon très claire que quoi qu'on dise et que quoi qu'on fasse,

---

27. *La Presse*, 11 juin 1990.

le Québec est aujourd'hui et pour toujours une société distincte, libre et capable d'assumer son destin[28].»

C'est tout de même regrettable qu'il n'ait pas eu cette attitude lorsque par une belle journée de printemps, il apposa sa signature en bas d'un document confirmant que le Québec était prêt à reprendre sa place pour un plat de lentilles...

28. *Le Devoir*, 23 juin 1990.

CHAPITRE IV

# L'échec de l'Accord:
# les causes immédiates
# et les prétextes

Ultimement, et comme tentera de le démontrer le prochain chapitre, l'échec de l'Accord découle avant tout des conceptions radicalement différentes et largement irréconciliables du Canada anglais et du Québec sur la réalité canadienne. Néanmoins, plusieurs individus et groupes auront contribué directement ou indirectement à bloquer l'adoption du lac Meech. Il s'agit notamment du tandem Trudeau/Chrétien, des provinces récalcitrantes et de leurs chefs politiques, des autochtones, de la minorité anglophone au Québec, et des francophones hors Québec. De même, plusieurs événements, dont l'adoption de la loi 178, la course à la chefferie au NPD et au PLC, la victoire de Brian Mulroney et du libre-échange en 1988 et le processus d'adoption de l'Accord auront miné l'entente du lac Meech. Dans certains cas, les événements et les groupes joueront un rôle important; dans d'autres, il s'agira essentiellement de prétextes qui permettront aux acteurs de camoufler des objectifs et des préjugés inavoués parce qu'inavouables.

## L'opposition des groupes

À un premier niveau, on peut identifier un certain nombre de groupes, qui étaient convaincus que leurs préoccupations et leurs priorités étaient soit menacées soit ignorées par l'Accord. Ensemble, ces groupes représentaient une force de frappe politique considérable. On s'inquiétait notamment que certaines dispositions de l'Accord permettent au gouvernement du Québec d'outrepasser certaines prescriptions de la Charte.

Des groupes de femmes pancanadiens, par exemple, y compris le Conseil consultatif canadien sur la situation de la femme et le Comité canadien d'action sur le statut de la femme, prétendaient que l'article 16 de l'Accord autorisait le Québec à promouvoir son caractère distinct aux dépens de leurs droits. Ils exigeaient donc que la Charte ait préséance dans son intégralité sur l'ensemble de l'Accord du lac Meech[1]. Au Québec, par ailleurs, les groupes de défense des droits de la femme ne considéraient pas que le caractère distinct du Québec puisse être une menace au principe de l'égalité des sexes. Certains commenta-

---

1. Voir Denis Robert, «La signification de l'Accord du lac Meech au Canada anglais et au Québec francophone: un tour d'horizon du débat public», dans Peter M. Leslie et Ronald L. Watts: *Canada: The State of the Federation 1987-1988*, Institute of Intergovernmental Relations, Université Queen's, Kingston, 1988, p. 131.

teurs québécois ont d'ailleurs émis des doutes sur la sincérité de ces allégations. Ainsi d'affirmer Lysiane Gagnon:

> «Qu'y a-t-il au fond de cette sollicitude non sollicitée? Serait-ce par hasard une façon détournée et, pour tout dire, aimablement hypocrite, de s'attaquer à la clause du caractère distinct du Québec tout simplement parce qu'on est contre cette reconnaissance-là, qu'on veut un pays homogène mais qu'on n'ose pas le dire carrément[2]?»

Du côté des communautés culturelles, on dénonce le fait que les caractéristiques fondamentales du pays soient définies en termes linguistiques, et on demandait que le caractère multiculturel du Canada y soit reconnu. Selon les communautés, l'Accord du lac Meech subordonnait le multiculturalisme à la dualité linguistique et au caractère distinct du Québec. On s'inquiétait donc de la possibilité que le Québec limite l'épanouissement du multiculturalisme à l'intérieur de la province au profit de la langue et de la culture françaises[3].

Amenée à l'avant-scène par les gestes spectaculaires du député néo-démocrate Harper dans les derniers jours de l'agonie de Meech, l'opposition des peuples autochtones s'était néanmoins manifestée dès les débuts de la saga. Nourrie par l'amertume des peuples autochtones devant le refus du Canada de reconnaître leurs droits constitutionnels, cette opposition fut renforcée par la conjoncture du printemps

---

2. Lysiane Gagnon, «Une sollicitude suspecte», *La Presse*, 18 août 1987.

3. Denis Robert, *op. cit.*, p. 133.

1987. En effet, au mois de mars 1987, les négociations constitutionnelles concernant les droits des autochtones échouaient encore une fois lamentablement[4].

Dès le début, les autochtones furent convaincus que l'adoption de l'Accord du lac Meech renverrait aux calendes grecques une de leurs revendications les plus chères, soit le droit à l'autonomie gouvernementale. En plus, l'Accord comportait selon eux de graves lacunes parce que la nouvelle règle interprétative de la Constitution (dualité linguistique — société distincte) ne reconnaissait pas leur présence en tant que caractéristique fondamentale du Canada, et également parce que seul le Québec aurait acquis le statut de société distincte. Selon les chefs autochtones, on admettait implicitement qu'il n'y avait pas d'autres sociétés distinctes au Canada, sinon elles auraient été spécifiquement identifiées. Ils ne voyaient donc rien dans l'Accord qui, d'un point de vue constitutionnel, leur aurait permis de faire avancer leurs droits.

Comme plusieurs autres Canadiens, et notamment les provinces «défavorisées», les autochtones, qui bénéficiaient largement des programmes socio-économiques du fédéral, craignaient les effets possibles, sur ces programmes, du caractère décentralisateur (selon eux) de l'Accord. Enfin, les autochtones qui revendiquaient depuis longtemps la création de provinces au Yukon et dans les Territoires du Nord-Ouest où ils forment une majorité, étaient inquiets de l'élargissement de la règle de l'unanimité pour la création de nouvelles provinces.

La communauté anglophone du Québec, pour des raisons politiques évidentes, ne s'opposait pas au

---

4. *Ibid.*, p. 139.

statut de société distincte pour le Québec, en autant que cette reconnaissance soit symbolique, et n'élargisse surtout pas les pouvoirs du Québec dans la promotion du français. Alliance Québec préconisait la préséance explicite de la Charte sur la clause de la société distincte, l'abolition de la clause nonobstant, l'élimination du pouvoir du Québec de participer à la nomination de trois juges à la Cour suprême, ainsi que l'enchâssement de la responsabilité des gouvernements fédéral et provinciaux de protéger et de promouvoir la dualité linguistique, c'est-à-dire le bilinguisme. Bref, on demandait une renégociation complète de l'Accord[5].

Satisfaite des jugements rendus à l'endroit de la loi 101 sur la base de la Charte, la minorité anglophone craignait peut-être de voir l'efficacité de la Charte se dissoudre au profit de la promotion de la société distincte[6]. Il demeure toutefois difficile de comprendre l'opposition de la communauté anglo-québécoise à un accord qui la reconnaissait explicitement et dont les droits et privilèges étaient amplement protégés par la règle de la dualité. Il faut donc croire que le concept même de société distincte rebutait certains d'entre eux à un point tel qu'ils devinrent incapables d'appuyer tout accord contenant une telle disposition.

---

5. L'auteur est redevable ici à madame Josée Legault, de l'Université du Québec à Montréal, dont les recherches sur la communauté anglo-québécoise ont largement inspiré les commentaires émis sur ce sujet dans le présent ouvrage. Voir surtout, «La minorité-majorité anglo-québécoise: une réflexion théorique», à paraître à l'automne 1990, dans la revue *Égalité*.

6. *Ibid.*, p. 135.

Mais c'est sans doute au niveau de leur opposition à la loi 178 et de l'image du Québec qu'ils ont véhiculée au Canada anglais que les anglophones auront eu l'impact le plus dévastateur pour l'Accord du lac Meech. En jouant aux martyrs, les porte-parole de la communauté auront simplement alimenté les préjugés du Canada anglais, tout en leur donnant bonne conscience quant au traitement accordé aux minorités francophones. Sans compter qu'ils faisaient passer le recours à la clause dérogatoire comme étant le visage hideux que pouvait prendre la société distincte...

Les chroniques hystériques de William Johnson du journal *The Gazette* ont contribué à discréditer le Québec et les Québécois et à alimenter le mouvement canadien-anglais d'opposition à l'Accord en lui renvoyant une image déformée de la réalité québécoise. Alliance Québec s'est même rendu au Nouveau-Brunswick pour demander à Frank McKenna de continuer à bloquer l'Accord.

Efficace tout ça, puisqu'un sondage effectué en février 1990, révélait que les Anglo-Canadiens croyaient majoritairement que leurs minorités francophones étaient mieux traitées que les Anglo-Québécois. Les réactions disproportionnées et irresponsables de certains dirigeants de la communauté anglophone par rapport à la loi 178 auront non seulement alimenté le sentiment anti-Meech, mais aussi le sentiment anti-francophone. Ainsi, peu après l'adoption de la loi 178, les gouvernements de la Saskatchewan et de l'Alberta abrogeaient les dispositions linguistiques de la Loi sur les Territoires du Nord-Ouest, les remplaçant par des garanties nettement plus restreintes; la Cour d'appel du Manitoba statuait que les francophones n'avaient pas le droit de gérer leurs écoles; et la Saskatchewan votait la loi 2 relative à l'emploi du français et de l'anglais dans la province, laquelle constituait, selon le Commissaire aux langues officielles, «manifestement un certain recul». Selon Guy Matte, président de la Fédération des francophones hors Québec, il pourrait y avoir une amélioration dramatique dans la situation des francophones hors Québec si les anglophones du Québec donnaient l'heure juste sur leur situation comme minorité[7].

Néanmoins, ce sont les francophones hors Québec qui ont lancé les premières attaques sérieuses contre l'Accord. Craignant qu'un Québec distinct soit de plus en plus français, et que le reste du Canada devienne de plus en plus anglais, les minorités francophones tentèrent d'encourager le gouvernement fédéral à obtenir le mandat non seulement de préserver mais de promouvoir la dualité linguistique. Les Acadiens du Nouveau-Brunswick demandèrent en plus que l'égalité des deux communautés linguistiques de la province soit reconnue comme étant une caractéristique fondamentale du Nouveau-Brunswick, que les gouvernements, non seulement du Canada, mais aussi du Nouveau-Brunswick, aient eu pour rôle de protéger et de promouvoir[8]. Selon Yvon Fontaine, doyen de la Faculté de droit à l'Université de Moncton,

«Avec un rôle de protection seulement, il est fort probable qu'il n'y a aucune obligation de légiférer à l'avantage des deux collectivités. Le rôle de protection... imposerait tout au plus un devoir de non-

7. *The Globe and Mail*, «Anglophones Urged to Reassure Canada», 22 janvier 1990.

8. Denis Robert, *op. cit.*, pp. 136-137.

discrimination ou de non-assimilation. C'est pour cette raison qu'il serait souhaitable que le Parlement se voit confier le rôle de protéger et de promouvoir la dualité canadienne au lieu du seul rôle de protéger[9].»

Ajoutant l'insulte à l'injure, l'effet combiné de la clause de sauvegarde et de l'obligation des provinces anglaises de protéger, mais non de promouvoir la dualité, retirait en fait aux francophones hors Québec toute possibilité d'élargir leurs droits, et ce, pendant qu'on obligeait le Québec à promouvoir son caractère distinct, dont la minorité anglophone faisait explicitement partie. Tout comme la Constitution de 1867, Meech accordait ainsi un traitement de faveur aux Anglo-Québécois.

On a tendance à oublier qu'au mont Gabriel, en mai 1986, le gouvernement du Québec avait présenté une sixième condition qui visait l'amélioration de la situation des francophones hors Québec. Cette proposition fut rejetée à cause de l'opposition de certains premiers ministres de l'Ouest. Les francophones hors Québec n'avaient donc pas tort d'accuser Robert Bourassa de les avoir abandonnés.

Les leaders des minorités francophones ont donc hésité entre l'approbation tiède et la franche opposition à Meech. Ces hésitations ont merveilleusement bien servi les fins du premier ministre Frank McKenna, puis de son homologue Gary Filmon, qui ont ainsi pu appuyer une partie de leur opposition sur une

---

9. Yvon Fontaine, «La politique linguistique au Canada: l'impasse?», dans Ronald L. Watts and Douglas M. Brown, *Canada: The State of the Federation 1989*, Institute of Intergovernmental Relations, Université Queen's, 1989, p. 146.

«noble cause». Suite aux pressions du Québec et du gouvernement fédéral, et de plus en plus convaincus qu'ils risquaient d'être les grands perdants suite à l'échec de Meech, les francophones hors Québec ont fini par se rallier à l'Accord. Ce n'est qu'en février 1990, quelques mois avant l'échéance, que la FFHQ et la Société nationale des Acadiens ont fait volte-face et se sont prononcées en faveur du lac Meech.

Les revendications des groupes opposés à l'Accord, bien que souvent légitimes, auront surtout servi les intérêts des provinces récalcitrantes et de tous ceux qui cherchaient des bons prétextes pour refuser de reconnaître la société distincte.


## Le tandem Trudeau-Chrétien: les «frogs» à la rescousse du Canada anglais

Aux niveaux idéologique et partisan, l'intervention du tandem Trudeau/Chrétien aura été décisive dans l'échec du lac Meech. Le premier coup de massue a été asséné par Pierre Trudeau après l'accord de principe des premiers ministres le 30 avril 1987. Dans une virulente sortie, l'ancien premier ministre a prétendu que l'Accord rendait le Canada impotent, qu'il concédait trop de pouvoirs aux provinces et qu'il représentait une capitulation inacceptable devant les nationalistes québécois, en leur offrant plus que ce qu'ils demandaient eux-mêmes. Il accusait le premier ministre Brian Mulroney d'avoir été faible et lâche. Il était particulièrement sévère à l'égard de la société distincte qui, selon lui, détruisait le rêve d'un Canada uni, bilingue et multiculturel, et il condamnait l'abandon par le fédéral de ses pouvoirs absolus de nomination des sénateurs et des juges de la Cour suprême.

Robert Bourassa, une des têtes de turc préférées de l'ancien premier ministre, en était quitte lui aussi pour quelques taloches. Pierre Trudeau l'accusait d'avoir utilisé le chantage, l'outil de prédilection du Québec pour arriver à ses fins, et d'avoir entraîné sur cette voie l'ensemble des provinces. Il le blâmait de ne pas s'être senti lié par le Canada Bill de 1982 et d'avoir choisi de continuer le combat péquiste, s'associant ainsi à la tradition nationaliste voulant que le Québec se soit constamment fait jouer tout au long de l'évolution constitutionnelle canadienne.

La sortie de Pierre Trudeau a eu un impact considérable au Canada anglais, et, en brisant l'unanimité québécoise, elle a déclenché et légitimé de violentes réactions contre l'Accord. Elle a permis que se propage au Canada anglais le mythe tenace qu'il se faisait «passer un Québec». Elle est d'ailleurs passée à un cheveux de faire avorter la réunion du 2 juin à l'édifice Langevin à Ottawa. On se rappellera qu'à cette occasion les premiers ministres négocièrent pendant dix-neuf heures consécutives pour en arriver à une entente finale sur la formulation légale de l'Accord Meech. Selon un proche collaborateur de Robert Bourassa:

«'Vous ne pouvez imaginer comment Peterson a été dur, très dur, cette journée du 2 juin...' Le 30 avril, le dirigeant ontarien a été un de ceux qui a parlé le plus favorablement pour le retour du Québec dans la 'famille' canadienne. Le 2 juin, il revenait sur les concessions faites un mois plus tôt. L'intervention fracassante de Pierre Trudeau dans le débat

a suscité des remous dans l'opinion publique ontarienne et le chef libéral a dû en tenir compte.»

Dans les trois ans qui suivirent, Pierre Trudeau
faisait quelques autres interventions politiques remar-
quées sur l'Accord. Le 30 mars 1988, témoignant devant le comité du sénat sur l'Accord, il s'attaquait de
nouveau à Brian Mulroney, l'accusant d'avoir concédé
des pouvoirs énormes aux provinces pour acheter une
paix temporaire dans les relations fédérales-provinciales. Il recommandait au sénat de bloquer l'Accord
en l'amendant, ce qu'il fit le 21 avril 1988. Neuf amendements furent proposés, notamment la subordina-
tion explicite de la clause de «société distincte» à la
Charte des droits. Le 22 juin, la Chambre des communes fut donc obligée de ratifier de nouveau l'Accord, afin de faire échec aux amendements proposés
par le sénat. Lentement mais sûrement, le doute s'ins-
tallait et la position des opposants se renforçait.

La campagne de Pierre Trudeau contre le lac
Meech fut également l'occasion pour le lancement de
deux livres. *Le lac Meech — Trudeau parle*, publié en
1989, reprenait plusieurs vieux textes de l'ancien premier ministre, mais l'attaque contre l'Accord se pour-
suivait, surtout dans le chapitre final. En 1990,
quelques mois avant l'échéance, il lançait avec Thomas Axworthy *Les Années Trudeau*[10], dans lequel, avec
l'aide d'une douzaine de fidèles de l'époque, notamment Gérard Pelletier, Marc Lalonde, Jacques Hébert,

---

10. Don Johnston (sous la direction de), *Lac Meech — Trudeau parle*,
Montréal, Hurtubise HMH, 1989; et Thomas Axworthy et Pierre
Trudeau (sous la direction de), *Les Années Trudeau*, Montréal, Éditions
du Jour, 1990.

Lloyd Axworthy et John Roberts, il dressait un bilan auto-satisfait et grossièrement partisan de son règne. La contribution de Jean Chrétien sur le rapatriement de la Constitution constitue une pitoyable justification d'un des épisodes les plus saugrenus de l'histoire politique canadienne. Se défendant de vouloir s'impliquer dans le débat sur Meech, Pierre Trudeau entreprenait néanmoins une tournée pancanadienne où il parla principalement... de Meech, comme s'il aurait pu en être autrement dans les circonstances.

L'ancien premier ministre s'est également impliqué dans la course au leadership du PLC. Après avoir tenté de convaincre Marc Lalonde, «son plus brillant dauphin», il se rabattait finalement sur Jean Chrétien. Il avertissait cependant ce dernier que ses critiques du lac Meech étaient trop modérées, et lui faisait savoir, en guise d'avertissement, que son appui n'était pas inconditionnel[11]. Tout au long du débat, Pierre Trudeau ne rata pas une occasion pour rassurer le Canada anglais en lui disant que la menace d'indépendance advenant le rejet de l'Accord n'était qu'une «fumisterie»[12].

Après l'échec de la tentative de faire avorter le lac Meech au niveau fédéral, il devenait évident que la bataille allait se livrer dans les législatures provinciales. Pierre Trudeau prodigua généreusement ses conseils à Sharon Carstairs du Manitoba, Frank McKenna du Nouveau-Brunswick, et surtout, à Clyde

---

11. Michel Vastel, *Trudeau, le Québécois*, Montréal, Éditions de l'Homme, 1989.

12. *The Globe and Mail*, «Trudeau Decries Separation Hoax», 27 octobre 1989; et Patricia Poirier, «Trudeau Plays Down Fears over Quebec Separation», *The Globe and Mail*, 21 mars 1990.

Wells de Terre-Neuve. Multipliant les coups de télé-
phone, les conseils informels et les consultations par
personnes interposées, il a fourni à ces gens les arguments et les idées pour enrober leur opposition à
Meech. Plus souvent qu'autrement, les discours de
Clyde Wells se lisaient comme de simples copies des
déclarations de Trudeau. De même, avant de pronon 
cer son premier discours d'importance sur la question
pendant la course au leadership, Jean Chrétien est allé
chercher le *nihil obstat* de son ancien patron. Le 22 juin
1990, à Calgary, Pierre Trudeau savourait son
triomphe par de frénétiques accolades avec Clyde
Wells et Jean Chrétien. Dans un bref discours devant
les autochtones, il laissait aller un vibrant «I love
you», remerciant les chefs des premières nations
d'avoir sauvé le Canada en coulant Meech.

Si Pierre Trudeau aura été le détonateur idéologique dans l'échec du lac Meech, sur le terrain, Jean
Chrétien aura été, dans le sens fort du terme, le véritable fossoyeur de l'Accord. Pourtant, au lendemain
de la réunion des premiers ministres en avril 1987, il
s'était dit «très heureux» pour son ami Robert Bourassa. L'effondrement du lac Meech a été causé par
la rupture d'une double unanimité: celle du Parti
libéral du Canada et celle des Québécois fédéralistes.
Même si le PLC a appuyé l'Accord, l'opposition de
l'«aile Chrétien» aura servi de caution à la défection
de plusieurs éléments du Parti. Selon la plupart des
observateurs au Manitoba, c'est l'acharnement de la
chef libérale, Sharon Carstairs, une disciple de Jean
Chrétien que celui-ci a activement appuyée lors de
l'élection provinciale de 1988, qui a porté un coup
mortel à l'Accord dans cette province. De même, en
brisant l'unité du Québec fédéraliste, le tandem
Trudeau/Chrétien a légitimé la volte-face d'une

bonne partie du Canada anglais face à la parole don-
née en juin 1987. Il est tout à fait improbable, voire
même impensable, que Clyde Wells ou Frank McKenna, deux premiers ministres provinciaux libéraux,
auraient rejeté l'Accord si l'unanimité avait prévalu
tant au sein du PLC que du Québec fédéraliste.

La campagne au leadership de Jean Chrétien aura
été l'occasion non seulement de capitaliser sur l'opposition à Meech au Canada anglais en empochant
des délégués, mais aussi de la cautionner et de l'attiser. Comme Trudeau, il a tout fait pour rassurer sur
les conséquences du rejet de l'Accord, et pour accré-
diter la thèse que le Québec «bluffait». Parmi les mé-
taphores insipides qu'il a servies, la meilleure a sans
doute été celle où il comparait les problèmes constitutionnels canadiens à une auto prise dans la neige;
il suffirait, pour sortir de l'ornière, de mouvements
d'avant et de recul... Et, «si on ne règle pas le 23 juin,
on réglera l'année prochaine[13]». Selon Ralph Surette,
journaliste acadien de la Nouvelle-Écosse, l'opposition des provinces de l'Atlantique à l'Accord et le
remarquable sang-froid de Clyde Wells s'expliquaient
par le fait que, dans les couches libérales, on était
remarquablement confiant que Jean Chrétien pourrait
livrer ce qu'il promettait: rétablir la présence fédérale
au Québec et empêcher les Québécois de sauter[14]. Le
disciple de Pierre Trudeau apportait, d'après Lysiane
Gagnon, un argument de poids aux adversaires de
Meech:

---

13. Paul Roy, «Halifax: Chrétien se sent honoré par les attaques de ses
principaux adversaires», *La Presse*, 21 avril 1990.

14. Ralph Surette, «Meech, Chrétien et les Maritimes», *La Presse*, 17 mai
1990.

«Dans son accent 'pea soup', il jurait ses grands dieux que les Québécois ne bougeraient pas si Meech tombait à l'eau, et que si le Québec éprouvait, en réaction, quelque velléité souverainiste, il saurait, lui, le ramener à la raison. La preuve: c'était lui qui ramassait la majorité des délégués au Québec[15].»

À plusieurs niveaux, donc, la course à la chefferie n'aura été qu'un «remake» de mauvais goût de l'ascension de Pierre Trudeau à la fin des années 60. Au Canada anglais, il se mettait de l'avant comme police d'assurance contre toute volonté québécoise d'accroître un tant soi peu sa marge de manœuvre, même à l'intérieur du cadre fédéral. Au Québec, Jean Chrétien se faisait beaucoup plus nuancé, ne manquant jamais de rappeler qu'il avait toujours appuyé les cinq conditions du Québec...

Dans les derniers mois et surtout les dernières semaines avant le délai ultime, assuré de l'appui d'une forte majorité de délégués dans la course au leadership et après avoir mesuré la gravité de la situation, Jean Chrétien entreprenait de réviser sa stratégie. Il était devenu apparent, même pour lui, que l'échec de Meech aurait des conséquences fâcheuses pour les partisans de l'unité nationale, et qu'on ne pourrait, contrairement à ce qu'il avait toujours prétendu jusque-là, se contenter de tout recommencer à zéro. Pris de panique, il se voyait déjà négocier, au nom du Canada anglais, la souveraineté du Québec, ou peut-être, tout simplement, tenter de convaincre les provinces anglophones de les représenter dans de

---

15. Lysiane Gagnon, «Où est passé Jean Chrétien?», *La Presse*, 19 juin 1990.

telles négociations. Bref, un très gros banc de neige en perspective.

Même s'il avait toujours affirmé que l'Accord devait être rejeté et qu'un accord parallèle ne pouvait répondre à ses objections, Jean Chrétien a travaillé activement et directement sur le contenu du rapport Charest, dont il endossa, avec l'ensemble de la députation libérale, les recommandations. Plus tard, il se montrait prêt à accepter — pas en public, bien entendu — qu'aucun amendement ne vienne explicitement subordonner la «société distincte» à la Charte des droits. À l'occasion du marathon final à Ottawa, tout en s'enfermant dans le mutisme le plus complet, et tout en disparaissant littéralement de la scène publique, il travailla d'arrache-pied, avec l'aide de ses conseillers, qu'on a surpris plusieurs fois à longer les corridors de la conférence, à faire plier Sharon Carstairs et Clyde Wells. Ses efforts passèrent d'ailleurs à un cheveu d'être récompensés. Pour le peuple québécois, l'opposition à Meech, les pseudo-volte-face, et l'opportunisme de Jean Chrétien furent perçus au mieux comme méprisants, et au pire comme une trahison. Au Canada anglais, jusque-là enclin à voir «le petit gars de Shawinigan» comme un sauveur, le doute commença à s'installer... Même le prestigieux magazine *Saturday Night*, qui affiche régulièrement sa nostalgie pour Pierre Trudeau, se posa des questions sérieuses en juin 1990 sur la substance d'un homme qui, sans ses conseillers et laissé à ses propres moyens, est généralement mal informé et peu inspirant.

Dans une de ces ironies dont seul l'Histoire a le secret, le tandem Trudeau/Chrétien, en torpillant le projet constitutionnel Meech, aura contribué à accélérer la désintégration du Canada.

## Les provinces récalcitrantes

Si on avait voulu provoquer délibérément l'échec de l'Accord, on n'aurait pu faire mieux que de suggérer un processus de ratification de trois ans... Pendant ces longues années, une opinion publique canadienne d'abord indifférente devenait carrément hostile. Après l'échec cuisant du PLC et du NPD au Québec à l'élection fédérale de 1988, et les accusations de trahison à l'encontre du Québec parce qu'il avait appuyé le libre-échange, la belle unanimité des partis fédéraux en faveur du lac Meech se brisait. L'opportunisme électorale cédait rapidement la place aux véritables convictions du NPD et du PLC. Le NPD confirmait sa volte-face au congrès au leadership en décembre 1989 en élisant Audrey McLaughlin, fermement opposée au lac Meech. Au PLC, la fronde contre l'Accord ne se terminait officiellement que le 23 juin 1990 avec l'élection de Jean Chrétien, qui remplaçait un John Turner qui avait été un fidèle supporter jusqu'à la toute fin. On assistait aussi durant cette interminable veillée funèbre à trois élections provinciales, et au rejet de l'Accord par les trois nouveaux élus.

Élu le 13 octobre 1987 sur une plateforme anti-Meech, Frank McKenna déclenchait le bal. C'est à lui qu'est revenu le douteux honneur d'établir le précédent qu'un premier ministre nouvellement élu pouvait revenir sur la parole et la signature de son prédécesseur. Frank McKenna exigea des amendements importants à Meech, y compris l'assurance que l'aide fédérale aux provinces défavorisées ne serait pas touchée, une reconnaissance constitutionnelle du

bilinguisme au Nouveau-Brunswick, un rôle de promotion de la dualité canadienne par le gouvernement
fédéral, et certaines garanties constitutionnelles pour
les femmes et les autochtones.

Quelques mois avant l'échéance, le premier
ministre du Nouveau-Brunswick se rendit compte
que, contrairement aux certitudes exprimées par le
tandem Trudeau/Chrétien, l'échec de Meech risquait
de provoquer la dislocation du Canada, en comparaison de quoi ses demandes lui sont apparues secondaires. Il constata également que la boîte de Pandore
qu'il avait ouverte avait permis à de nombreux extré-
mistes anti-francophones et anti-québécois de se faire
valoir sur la place publique. Frank McKenna décida
alors de participer activement à l'opération de sauvetage téléguidée par le gouvernement fédéral. Il accepta de déposer à la législature du Nouveau-Brunswick
une «résolution d'accompagnement», qui devait
explorer les bases d'un compromis éventuel. Cette
résolution, ou plutôt la démarche proposée, devait
être entérinée rapidement par Brian Mulroney, et servir de toile de fond au rapport Charest. Enfin, Frank
McKenna fut le premier à quitter le clan des provinces
dissidentes, en faisant adopter, peu avant l'échéance,
l'Accord par sa législature, même s'il n'avait pas
obtenu l'essentiel des amendements qu'il recherchait.

Excellent columnist, Jeffrey Simpson du *Globe and
Mail*, résuma en ces termes la tragique saga person-
nelle du premier ministre du Nouveau-Brunswick:

> «M. McKenna a fait une erreur catastrophique, et il
> le sait. La sagesse lui est venue tard, beaucoup trop
> tard, et quand il s'est rendu compte qu'il avait
> contribué à amorcer un processus de désintégration
> nationale, il fut attristé... À un moment donné, au

cours du débat sur Meech, M. McKenna a paniqué. Il a aperçu les démons de la désunion se propager à travers le pays, créant une situation beaucoup plus difficile pour le Canada, et pour le Nouveau-Brunswick avec ses deux communautés linguistiques fortes, que tout ce qui pouvait résulter du lac Meech... C'est une erreur qui tourmentera M. McKenna, un homme généreux et maintenant beaucoup plus sage, pour le reste de sa carrière politique[16].»

Le 26 avril 1988, le conservateur Gary Filmon prenait le pouvoir au Manitoba, à la tête d'un gouvernement minoritaire. Le NPD, dont le chef Howard Pawley avait appuyé l'Accord en tant que premier ministre et avait démissionné avant l'élection, se retrouvait en troisième place, derrière le Parti libéral de Sharon Carstairs. Gary Doer, nouveau chef du NPD et Sharon Carstairs, encouragés par une opinion publique manitobaine fortement défavorable à l'Accord, et aiguillonnés par l'opposition grandissante du PLC et du NPD national, rejetaient catégoriquement Meech. Minoritaire, le premier ministre Filmon cherchait un prétexte pour ne pas déposer l'Accord à la législature manitobaine.

L'occasion lui fut fournie lorsque le gouvernement du Québec décida de se soustraire au jugement de la Cour suprême sur la langue d'affichage en invoquant la clause «nonobstant». Le lendemain, soit le 19 décembre 1988, la résolution d'appui à Meech fut retirée de l'agenda législatif manitobain. Gary

16. Jeffrey Simpson, «The Illusions of those Canadians who Still Think Québec is Bluffing», *The Globe and Mail*, 28 juin 1990.

Filmon condamna la loi 178 comme contraire à «l'esprit du lac Meech». Considérant que le Manitoba constituait la province canadienne qui, historiquement, s'était opposée le plus constamment et le plus efficacement aux droits de sa minorité francophone, le sursaut de Filmon en faveur de la minorité anglophone opprimée du Québec laissait songeur. On aurait souhaité, pour maintenir les formes et le décorum, un prétexte plus crédible. Même l'éditorialiste du *Winnipeg Free Press* affirmait que la loi 178 n'était qu'une excuse, et que la véritable raison du retrait de l'Accord était l'opposition grandissante de la population manitobaine[17]. L'éditorialiste suggérait également que Gary Filmon aurait de la difficulté à convaincre les francophones qu'il était un ardent défenseur des droits linguistiques des minorités, alors qu'il avait combattu un élargissement de ces droits au Manitoba en 1983-1984.

De même, dans l'ensemble du Canada, l'adoption de la loi 178 aura permis à plusieurs opposants à Meech de maquiller et de camoufler leur rejet du Québec en prétextant la noble cause des droits individuels. On aurait pu accueillir cette argumentation avec une certaine sympathie si elle n'avait été, la plupart du temps, l'apanage des éléments les plus anti-québécois et anti-francophones de la société canadienne. En outre, comme l'affirmait l'ancien haut fonctionnaire fédéral Gordon Robertson, «la loi 178 n'est pas une juste mesure des droits dont jouit la population anglophone du Québec. Ces droits sont aujourd'hui beaucoup plus considérables que les

---

17. *The Winnipeg Free Press*, «Don't Seize the Spirit», éditorial, 29 décembre 1988.

droits des minorités francophones dans n'importe quelle province[18]». Il ajoutait que les événements de Sault-Sainte-Marie et de Thunder Bay étaient sans doute liés de façon confuse à la loi 178, mais que le ressentiment dans ces villes découlait avant tout d'inquiétudes financières et de préjugés anti-francophones.

Au Manitoba, la décision du gouvernement fédéral en 1986 de confier le contrat d'entretien des CF-18 à Bombardier (Canadair), malgré la recommandation d'un groupe de travail à Ottawa en faveur de Bristol Aerospace de Winnipeg, aura également servi à alimenter l'amertume à l'égard du Québec et du gouvernement fédéral. Bien que difficile à mesurer, l'impact sur Meech aura sans doute été considérable.

Le 3 mars 1989, Gary Filmon annonçait la création d'un comité tripartite de sept membres avec mandat de convoquer des audiences publiques sur l'Accord à travers la province. Les audiences se sont tenues entre le 6 avril et le 2 mai, et plus de 300 personnes ont été entendues. Trois intervenants sur quatre s'opposaient à la ratification. De nombreuses interventions révélaient un fort ressentiment à l'égard du Canada central et des francophones. Les recommandations du Groupe de travail s'attaquaient à la substance même de l'Accord, et les cinq conditions du Québec étaient à divers degrés jugées inacceptables. Il ne saurait donc être question d'un accord parallèle. Il fallait réouvrir l'entente, et introduire des amendements et des modifications majeures. Parmi les propositions du groupe de travail, notons: le rejet de toute restriction sur le pouvoir fédéral de dépenser,

18. Gordon Robertson, *op. cit.*, p. 13.

le refus de l'unanimité pour les modifications constitutionnelles touchant le sénat et la création de nouvelles provinces, une «clause Canada» incluant dans les caractéristiques fondamentales l'existence des peuples autochtones, le multiculturalisme, le rôle du Parlement fédéral de «sauvegarder» les caractéristiques fondamentales du Canada, et «l'existence du Canada en tant qu'État fédéral jouissant d'une identité nationale distincte», et la primauté absolue de la Charte canadienne des droits et libertés sur la société distincte au Québec.

L'opération «tordage de bras» de Brian Mulroney et de la machine fédérale, la crise économique appréhendée, les craintes quant à l'unité nationale et les pressions tardives de Jean Chrétien, finiront par briser la résistance des trois partis manitobains, qui s'engagent, avec une absence notoire de volonté et d'enthousiasme, à faire ratifier l'Accord. Pour plusieurs, les manœuvres d'Elijah Harper seront accueillies comme une véritable bénédiction, qui permettront d'obtenir le résultat souhaité sur le dos des autochtones, et surtout sans être obligés d'en assumer les responsabilités.

Le 20 avril 1989, c'était au tour du libéral Clyde Wells de prendre le pouvoir à Terre-Neuve. Quelques heures après son élection, il se déchaînait lui aussi contre l'Accord. Il prétendait notamment qu'il conférait un statut spécial au Québec, qu'il rendait la réforme du sénat à peu près impossible, et qu'il affaiblissait les pouvoirs du gouvernement fédéral.

Clyde Wells, tout comme Pierre Trudeau, a grossièrement surestimé le caractère décentralisateur de l'Accord. En tant que premier ministre d'une province défavorisée, il était normal qu'il se préoccupe de la capacité du gouvernement fédéral de continuer à effectuer des paiements de transfert. Cependant, en participant à l'échec, tout comme Gary Filmon et Frank McKenna, eux aussi au nom de provinces moins fortunées, le premier ministre de Terre-Neuve aura ouvert la porte à une remise en question de la confédération canadienne beaucoup plus fondamentale que celle du lac Meech. Sa province serait en effet une des grandes perdantes d'une éventuelle souveraineté du Québec.

Clyde Wells aura aussi canalisé et attisé les sentiments anti-francophone, anti-bilinguisme et anti-québécois à travers le pays. C'est ce qu'a confirmé de façon éclatante un sondage *Globe and Mail-CBC* publié le 9 juillet 1990. Ainsi, selon George Perlin, professeur de science politique à l'Université Queen's et conseiller de la maison de sondage Canadian Facts:

> «Une partie de l'appui à Clyde Wells vient des gens qui partagent ses critiques sur le fond de l'Accord du lac Meech, mais la plupart de ses appuis viennent des gens qui ont adopté des prises de position anti-francophones[19].»

Ainsi, plus que les autres Canadiens, les sympathisants de Wells étaient peu sympathiques aux aspirations du Québec, s'opposaient à toute forme de protection de la langue française à l'intérieur et à l'extérieur du Québec, et approuvaient l'attitude de villes comme Sault-Ste-Marie et Thunder Bay dans leur unilinguisme anglais. Pendant tout le débat, le premier ministre de Terre-Neuve fera preuve d'une incompréhension notoire à l'égard du Québec. Ses actes de foi

---

19. Hugh Windsor, «Wells Was Lightning Rod for Anti-French Feeling, Polls Show», *The Globe and Mail*, 10 juillet 1990.

en faveur du bilinguisme pancanadien ne résistent pas à l'analyse. La minorité francophone de Terre-Neuve se retrouve en effet dans une situation catastrophique, et il a fallu une décision de la Cour pour ouvrir une première école française à St-Jean en 1989.

Si Clyde Wells a eu le «courage» d'aller jusqu'au bout dans la saga Meech, c'est parce qu'il se savait fort de l'appui de la majorité des Canadiens, et qu'il était cautionné par les «Canadiens français» Trudeau et Chrétien. Après la défaite de Meech, il était considéré partout au Canada (sauf au Québec) comme l'homme politique le plus populaire, et celui qui avait offert la meilleure performance pendant le débat. Sa «cote» était dix fois plus élevée que celle de Brian Mulroney, et de beaucoup supérieure à celle de David Peterson[20]. Les thèmes du discours de Clyde Wells reflétaient fidèlement, comme on le verra au prochain chapitre, les préoccupations du Canada anglais; ils rejoignaient aussi celles de Pierre Trudeau, notamment au niveau du maintien d'un gouvernement fédéral centralisateur et d'une identité nationale forte.

Pour obtenir l'échec de Meech, Pierre Trudeau et Jean Chrétien auront été les alliés objectifs des forces les plus réactionnaires et les plus anti-francophones du pays. L'Histoire les jugera sévèrement. En ce sens, les embrassades triomphalistes de Wells, Trudeau et Chrétien, auront été profondément indécentes, et devront rester à tout jamais ancrées dans la mémoire collective des Québécois.

L'ultime retraite fermée à Ottawa, où il aura été «bulldozzé» par le fédéral et abandonné par le Manitoba, aura passé bien prêt de venir à bout de l'irré-

---

20. *Op. cit.*

ductible Wells. Isolé, ébranlé, mais toujours convaincu que le rejet de l'Accord n'aurait pas l'impact prévu sur l'économie et l'unité nationale, il a néanmoins accepté, de fort mauvaise grâce, de mettre son opposition sous veilleuse et de soumettre Meech à sa législature. De retour chez lui, l'épisode Harper au Manitoba sera le prétexte inespéré pour éviter de tenir un vote à la législature terre-neuvienne. Ce vote aurait, cependant, selon toutes probabilités, confirmé le rejet de Meech. En décidant de ne pas le tenir, Clyde Wells cherchait simplement à réduire le poids de la responsabilité historique que Terre-Neuve aurait à porter.

## Quelques autres prétextes...

Certains tenteront de mettre sur les failles stratégiques de Brian Mulroney l'ultime responsabilité de l'échec de l'Accord. Or, même s'il ne fait aucun doute que des erreurs de jugement ont été commises, notamment la date trop tardive de la réunion des premiers ministres à Ottawa, et les fanfaronnades de Brian Mulroney quant à son «coup de dés», il est difficile d'imaginer des stratégies qui auraient permis qu'une telle opération soit menée à bien en dépit de l'opposition massive du Canada anglais. En fait, en obtenant que le Québec se contente de si peu pour «réintégrer» la Constitution, en réussissant à convaincre au départ toutes les provinces canadiennes d'accepter l'Accord, et finalement en «forçant» un ultime consensus (si on fait abstraction de la signature conditionnelle de Clyde Wells) dans les derniers jours à Ottawa, on peut même sans doute prétendre que Brian Mulroney a fort bien joué ses cartes.

Du point de vue de l'unité nationale et de l'échec de Meech, les plus grossières erreurs ont été commises par tous ceux qui ont compris trop tard les conséquences du rejet. Parmi ceux-ci, on pouvait inclure notamment les principaux porte-parole des minorités linguistiques, le premier ministre Frank McKenna du Nouveau-Brunswick qui a été un détonateur dans l'opposition des provinces, et Jean Chrétien, dont l'opération sauvetage aura été trop tardive et trop «nuancée».

Les critiques sur le caractère anti-démocratique de la démarche n'étaient qu'un prétexte de plus, même si, pour ma part, je suis convaincu que tout changement constitutionnel significatif devrait être soumis à la population par référendum. L'Accord de juin 1987 avait été discuté pendant un an avant d'être adopté par les premiers ministres. Il avait ensuite été soumis à l'adoption de toutes les législatures sur une période de trois ans. Rien n'empêchait des audiences publiques et des commissions parlementaires dans toutes les provinces. Techniquement, l'échec de l'Accord avait été obtenu suite à l'opposition d'un seul député et, selon les interprétations, d'une seule législature. C'est sans doute un témoignage éloquent sur le caractère relativement démocratique de l'entreprise...

En comparaison, le processus d'amendement initié par Pierre Trudeau en 1981 était beaucoup plus autoritaire. Des changements majeurs ont été apportés à la Constitution sans consultation populaire, sans élection générale et sans référendum, et malgré l'opposition fortement majoritaire des deux partis à

l'Assemblée nationale du Québec. La profonde hypo-
crisie de ceux qui se sont scandalisés du processus
tient au fait qu'il s'agit des mêmes individus qui ont
applaudi l'opération de 1981-1982...

CHAPITRE V

# Un nouveau Canada anglais?

Au-delà des individus, des groupes et des partis qui ont contribué à l'échec de Meech, et au-delà des prétextes qu'on aura utilisés pour justifier les oppositions, le naufrage de l'Accord s'explique fondamentalement par l'émergence au Canada anglais d'une vision du pays largement incompatible et irréconciliable avec celle prônée par le Québec depuis plusieurs décennies. Même avec l'adoption de Meech, une remise en question des rapports entre le Québec et le Canada n'aurait été qu'une question de temps.

Est-il nécessaire de rappeler que l'opposition à Meech ne s'est jamais limitée, contrairement à ce qu'on a souvent essayé de nous faire croire, à quelques politiciens ou provinces marginales? Sondages après sondages ont démontré que l'opposition au Canada anglais s'est avérée beaucoup plus profonde. Selon une enquête Angus Reid effectuée au début d'avril 1990, 59 % de la population canadienne s'opposait au lac Meech, et seulement 24 % l'approuvait[1]. Si on exclut le Québec, seule province où

1. «Le fossé s'élargit entre le Québec et le Canada», *La Presse*, 8 avril 1990.

l'Accord comptait plus de partisans que d'adversaires, le rejet était d'autant plus clair. Ainsi, dans les autres régions du pays, les répondants au sondage disaient désapprouver l'Accord dans des proportions importantes: 74 % en Saskatchewan et au Manitoba, 73 % en Colombie-Britannique, 66 % en Ontario, 65 % dans les Maritimes et 64 % en Alberta.

L'opposition se manifestait tant au niveau de l'*esprit* de l'Accord que de son contenu spécifique. Un sondage Gallup effectué en mars 1990 démontrait, par exemple, que 53 % des Canadiens s'opposaient à ce que le Québec soit considéré comme une «société distincte», contre seulement 27 % qui approuvaient ce concept[2]. De même, un sondage *CBC-Globe and Mail* confirmait que 82 % de la population canadienne (à l'exclusion du Québec) s'opposait à ce que le Québec exerce le droit d'adopter des lois affectant la culture et la langue françaises (y compris des lois pouvant entrer en conflit avec la Charte canadienne des droits et libertés[3]). On niait donc de façon claire toute prétention de primauté que pourrait entretenir le Québec dans ce domaine.

Au-delà du travail de sape du tandem Trudeau/Chrétien, pourquoi a-t-on constaté un désaccord aussi massif au Canada anglais? À un premier niveau, on retrouvait évidemment un très fort sentiment anti-Québec et anti-francophone. Les débats sur l'Accord ont favorisé une spectaculaire sortie de placard de tout ce qui devait encore rester de vieux orangistes croyant que le bilinguisme menaçait l'anglais et serait inexorablement suivi par l'unilinguisme français à

---

2. *La Presse*, 8 mars 1990.

3. *The Globe and Mail*, 12 février 1990.

travers le pays. Encore ici, la loi 178 aura servi de prétexte à des individus et des provinces qui combattent le fait français depuis plusieurs décennies.

Même si une bonne partie de l'élite canadienne continue de préconiser le bilinguisme pancanadien comme seule solution acceptable au «problème» québécois, l'appui au bilinguisme dans l'ensemble du Canada est en voie d'effritement. En juillet 1990, une légère majorité de 51 % de Canadiens désapprouvait des résolutions décrétant l'unilinguisme anglais à Sault-Sainte-Marie et à Thunder Bay[4]. De façon générale, on se déclarait défavorable à toute extension des politiques de bilinguisme. Selon George Perlin, professeur de science politique à l'Université Queen's, «les gens acceptent le bilinguisme en tant que principe, mais dès qu'il s'agit d'adopter des politiques concrètes en ce sens, ils se rebiffent[5]». La loi fédérale sur les langues officielles suscite d'ailleurs de plus en plus de réticences au Canada. C'est pour cette raison, selon le Commissaire aux langues D'Iberville Fortier, que le gouvernement fédéral n'a pas encore eu le courage nécessaire de déposer les règlements devant donner un sens à la loi C-72 adoptée il y a de cela déjà plus de deux ans. En partie, à cause de cette absence de règlements, les nouvelles dispositions de la Loi n'ont eu aucun impact dans au moins 80 % des institutions fédérales[6].

Mais c'est sans aucun doute dans les provinces et les villes du Canada anglais que l'opposition au

---

4. Cité dans Hugh Windsor, *op. cit.*

5. *Ibid.*

6. Chantal Hébert, «Ottawa retarde de nouveau sa réglementation sur les langues», *Le Devoir*, 7 avril 1990.

bilinguisme institutionnel a été la plus farouche. Une majorité de Manitobains, par exemple, accepta fort mal la décision de la Cour suprême en 1979 confirmant le bilinguisme de la législature provinciale. De même, en 1988, la Saskatchewan et l'Alberta réagirent négativement à l'imposition du bilinguisme. En février 1990, le conseil municipal de Sault-Sainte-Marie en Ontario, prétendant vouloir «célébrer le multiculturalisme» en refusant d'accorder un traitement de faveur à la minorité francophone, adopta une résolution faisant de l'anglais l'unique langue officielle de la ville[7].

En fait, peu de Canadiens s'identifient à l'*utopie* linguistique de Pierre Trudeau. La course au bilinguisme dans les institutions fédérales a été largement artificielle et destinée principalement à contenir l'ardeur du nationalisme québécois. On a trop souvent tendance à oublier que Trudeau n'a gagné ses élections qu'une seule fois au Canada anglais, soit en 1968. Aux autres élections, il y a toujours été minoritaire. De plus, «Trudeau a déformé le message de la Commission sur le bilinguisme et le biculturalisme[8]». Au principe d'égalité des deux nations dominantes que reconnaissait pourtant clairement la Commission, Trudeau aura préféré miser sur l'égalité des minorités de langues officielles ainsi que sur le bilinguisme.

Enfin, il ne faut pas oublier que depuis quelques années, la composition socio-démographique du

---

7. «Sault-Ste-Marie célèbre le multiculturalisme», *La Presse*, 6 février 1990.

8. Neil Morrison, cité par Francine Pelletier, «Bilinguisme: il faut remettre les choses à leur place, à la manière de Laurendeau», *La Presse*, 25 novembre 1989.

Canada évolue rapidement et influence grandement les perceptions politiques. Qu'on le veuille ou non, le bilinguisme et la notion des deux peuples fondateurs ne correspondent plus à la réalité à laquelle s'identifient un grand nombre de Canadiens. Le Canada est devenu un pays multiculturel, et dans plusieurs régions, les francophones occupent une place moins importante que d'autres minorités. Ainsi, aux yeux des Canadiens anglais, les francophones du Québec ou d'ailleurs ne sont ni plus ni moins qu'un groupe ethnique parmi d'autres, nullement distinct, et certainement pas en droit de s'attendre à un traitement de faveur. Tout à fait inacceptable pour le Québec, cette position s'accentuera pourtant inévitablement au cours des prochaines années.

Le lac Meech aura provoqué chez de nombreux anglophones, un percutant ras-le-bol par rapport aux questions constitutionnelles et aux revendications du Québec. Trudeau ne leur avait-il pas promis que la réconciliation nationale et la solution au problème du Québec passeraient par une conception du Canada basée sur la primauté fédérale dans la promotion des droits linguistiques et culturels, y compris le bilinguisme institutionnel et un meilleur sort pour les minorités francophones? De plus, du moins croyait-on à l'époque, le rapatriement de 1982 devait mater une fois pour toutes les velléités autonomistes du Québec en mettant de l'avant le genre de fédéralisme renouvelé que réclamait la grande majorité des Québécois depuis plusieurs années. En voulant écraser définitivement les «séparatistes», Pierre Trudeau a du même coup dupé le Canada anglais qui s'est retrouvé en bout de ligne avec un Accord offert au Québec en réparation pour l'échec de la réforme de 1982. Le Québec étant devenu de toute évidence «insatiable», il ne servait donc à rien de satisfaire ses aspirations, puisque de toute façon, il en redemanderait toujours...

## Le Canada anglais à la recherche de «sa» société distincte

À un niveau beaucoup plus fondamental, une des grandes révélations du débat sur le lac Meech, qui est passée largement inaperçue chez nous où on connaît et parle peu du Canada anglais, c'est l'évolution et la transformation du nationalisme canadien depuis quelques années. Pendant longtemps, nos compatriotes anglophones, pour des raisons tactiques et opportunistes, au nom du pluralisme et de la diversité, ont nié l'existence même de cette entité qu'est le Canada anglais. Tous les acteurs politiques québécois qui cherchaient à reconstruire le pays sur une base binationale se sont inexorablement butés à cet argument[9].

D'ailleurs, les Québécois eux-mêmes ont souvent nié l'existence de la réalité canadienne-anglaise. Pourtant, les débats autour du lac Meech et de l'Accord de libre-échange ont fait ressortir clairement le désir de la majorité des Canadiens anglais de maintenir, malgré des liens économiques, géographiques, linguistiques et culturels évidents avec le reste de l'Amérique, ce qui à défaut d'être une nation dans le sens usuel du terme, demeure tout au moins une entité socio-politique distincte et différente des États-

---

9. Daniel Latouche, *Le Bazar*, Montréal, Boréal Express, 1989, p. 116.

Unis. Si les valeurs communes ne sautent pas toujours aux yeux, les consensus y sont souvent minimaux, et l'hétérogénéité y est indéniable, la volonté de survivre et peut-être aussi la peur de disparaître, y sont par contre incontestables.

Au-delà du rejet du Québec et de sa spécificité, le débat du lac Meech a été fort révélateur des priorités et des préoccupations politiques du Canada anglais. Sans jamais vouloir l'admettre, le Canada anglais a essentiellement défendu durant ces trois longues années le *statu quo* constitutionnel. On voulait bien sûr que le Québec continue à faire partie du Canada, mais dans le respect des structures et des règles du jeu déjà établies. Par rapport à cet objectif, les différentes demandes présentées par les provinces récalcitrantes — la réforme du sénat, la reconnaissance constitutionnelle des droits des autochtones, la promotion des minorités, etc. — apparaissent nettement secondaires.

Le rejet de la société distincte, de tout statut particulier pour le Québec ou de toute forme de fédéralisme asymétrique, s'explique en partie par la volonté de renforcer l'identité canadienne et de préserver les pouvoirs du gouvernement fédéral. Chez les hommes politiques, Clyde Wells a sans doute mieux que quiconque su articuler cette vision qu'on pourrait qualifier de «néo-trudeauiste». Pour lui, la Charte canadienne des droits et libertés représente l'instrument de développement d'une «nation[10]» canadienne, de même qu'un rempart absolu pour la protection des droits et libertés individuels:

---

10. Entendu dans le sens anglo-saxon du terme, soit une référence à une entité politique et étatique plutôt qu'ethnique.

«La Charte canadienne est maintenant l'élément-clé de notre Constitution autour duquel s'agencent les valeurs fondamentales qui font de nous des Canadiens et c'est un élément qu'on ne peut pas laisser s'amoindrir[11].»

Clyde Wells revendiquait donc la préséance absolue des droits individuels sur les droits collectifs, et conséquemment, il endossait l'abrogation de la clause nonobstant. Au Québec, par ailleurs, on a toujours mis l'emphase sur les conséquences politiques négatives de la Charte, y compris ses visées centralisatrices, ainsi que les limites qu'elle impose à la politique linguistique[12].

À l'instar de la majorité des opposants de l'Accord au Canada anglais, le premier ministre de Terre-Neuve ne s'objectait pas à ce que le Québec soit reconnu comme société distincte dans le préambule de la Constitution, mais rejetait plutôt toute implication ou conséquence en termes de droits ou pouvoirs pouvant découler de ce statut. Au nom de l'égalité des provinces, il refusait au Québec tout rôle législatif particulier, ce qui, selon lui, sous-entendait nécessairement un statut supérieur pour les citoyens du Québec. Pourtant, tout comme on l'a vu, monsieur Wells s'énervait pour rien puisque l'Accord n'accordait aucun nouveau pouvoir aux provinces, ni ne consacrait d'aucune façon un quelconque statut particulier qui aurait permis au Québec de jouer «son

---

11. Clyde Wells, *L'Accord du lac Meech*, discours prononcé au Cercle canadien de Montréal, 9 janvier 1990, p. 5.

12. Denis Robert, *op. cit.*, p. 153.

rôle de mère-patrie de la langue et de la culture françaises au Canada[13]».

C'est que pour l'ensemble des Canadiens anglais, l'identité provinciale est nettement secondaire par rapport à l'identité canadienne. Pour Clyde Wells:

> «Être Canadien, ce n'est pas seulement être résident de telle ou telle province ou territoire. Nous avons un sens de la citoyenneté nationale qui dépasse nos idendités provinciales... Le Canada a une identité nationale qui va plus loin que la somme de ses composantes[14]...»

D'ailleurs, un sondage *Maclean's/Decima* démontrait en janvier 1990 que les Québécois étaient les seuls Canadiens (à part les Terre-Neuviens qui se sont joints à la Confédération en 1949) à s'identifier d'abord à leur province[15]. Le Québec est le premier lieu de l'identification nationale des Franco-Québécois. Il n'est donc pas étonnant que de nombreux sondages aient démontré qu'une forte majorité de Québécois appuie des gouvernements provinciaux forts, tandis qu'au Canada anglais, on préfère miser sur le gouvernement central[16]. Plusieurs Canadiens anglais, par ailleurs, manifestent à l'égard des gouver-

---

13. Clyde Wells, *op. cit.*, p. 12.

14. *Ibid.*, p. 5.

15. Carl Mollins, «An uncertain nation», *Maclean's*, 1er janvier 1990, p. 13.

16. Sylvia Bashevkin, «Solitudes in collision», *Comparative Political Studies*, hiver 1990. L'auteur y cite trois sondages effectués en 1977, 1979 et 1981.

nements provinciaux et de leurs intérêts locaux («pa-rochial[17]») une bonne part de mépris et de méfiance[18].

Pour Clyde Wells et les nationalistes canadiens, un autre élément-clé de la «communauté nationale canadienne» est l'engagement à une redistribution et à un partage équitable des richesses entre tous les Canadiens, «en encourageant un développement éco-nomique destiné à réduire les disparités et en offrant des services publics essentiels de qualité raisonnable pour tous les Canadiens[19]». Selon Wells, il ne faut donc d'aucune façon limiter la capacité d'intervention du gouvernement fédéral, seule capable d'atteindre cet objectif, même si cela implique des incursions régulières et importantes dans des champs de juridic-tion provinciale. Il faut croire qu'à ce niveau, l'impact du lac Meech au Canada anglais aura été principale-ment psychologique. On voit mal comment l'Accord aurait pu empêcher le gouvernement fédéral de met-tre de l'avant des programmes sociaux d'envergure nationale, et mener à la décentralisation et à la «bal-kanisation» du pays. De même, quand on s'oppose, au Canada anglais, à ce que les provinces participent à la nomination des juges de la Cour suprême et des sénateurs, parce qu'on croit que cela contribuera à la fragmentation de l'identité canadienne, on nie là l'es-sence même du fédéralisme.

Historiquement, le fédéralisme a été ni plus ni moins imposé aux Canadiens anglais par un Québec soucieux de protéger sa différence. De toute évidence,

---

17. Terme beaucoup plus péjoratif qui renvoie à l'esprit de clocher ou de paroisse.

18. Denis Robert, *op. cit.*, p. 154.

19. Clyde Wells, *op. cit.*, p. 5.

il est de plus en plus perçu comme une camisole de force empêchant le Canada de réaliser ses aspirations légitimes. Pour une majorité de Canadiens, le lac Meech aurait affaibli l'identité canadienne. La vision qui émerge des critiques est celle d'un Canada qu'on veut très centralisé. Implicitement, on rejette la possibilité que la conciliation des identités multiples puisse être un facteur de cohésion plutôt que de division.

## Le traumatisme du libre-échange

Pour les nationalistes canadiens-anglais, l'adoption d'un traité de libre-échange avec les États-Unis a été une expérience traumatisante. Le rejet de l'américanisation est désormais à l'ordre du jour. Plus que jamais, pour faire face au défi de la marginalisation, le Canada cherche à s'appuyer sur un État central fort pour se donner un minimum de cohérence et élargir la marge de manœuvre de l'économie, de la culture et de la société canadiennes. Selon le politologue Philip Resnick:

«Sans cet État central, il ne peut y avoir de véritable nation canadienne (ou canadienne-anglaise). Depuis les quelque cent vingt-cinq ans que la Confédération existe, tous nos symboles nationaux y ont été associés. De la Gendarmerie royale aux grands projets ferroviaires, des forces armées à la radiotélédiffusion nationale, aux programmes sociaux ou au drapeau, les Canadiens anglais ont toujours progressé à l'intérieur de ce cadre. L'affaiblir ou le démanteler serait porter un coup à notre identité[20].»

Pour Resnick, le démantèlement du Canada résulterait précisément de l'effet combiné du libre-échange et du lac Meech. Il ajoute que «le Canada anglais s'est forgé une identité basée sur une forte identification avec les institutions du gouvernement fédéral». Dans le domaine culturel, par exemple, on a créé la CBC, l'ONF et le Conseil national des arts, en bonne partie pour résister à l'influence américaine.

Si le Canada anglais a rejeté le lac Meech à cause de son caractère potentiellement décentralisateur, il s'est opposé à l'Accord de libre-échange parce qu'il renforçait l'instance continentale au détriment du niveau fédéral. Dans les deux cas, on a considéré que les pouvoirs du gouvernement fédéral qui étaient perçus comme fondamentaux pour l'avenir du Canada, étaient menacés.

En effet, pour le Canada anglais, la signature de l'Accord de libre-échange a constitué un véritable traumatisme. Avec raison, on a acquis la conviction que l'intégration économique continentale croissante aurait inévitablement des conséquences importantes sur l'autonomie économique, politique et culturelle du pays.

Au niveau économique, on voit mal comment on pourrait éviter, à moyen ou long terme, que les politiques fiscales et monétaires s'harmonisent encore plus qu'aujourd'hui. Des fluctuations importantes dans la valeur de la devise canadienne par rapport

---

20. Philip Resnick et Daniel Latouche, *Réponse à un ami canadien*, Montréal, Éditions du Boréal, 1989, p. 29.

au dollar américain déstabiliseraient l'environnement économique en offrant peu de garanties à long terme pour la rentabilité des investissements de part et d'autre. De même, la fiscalité canadienne devra dans une large mesure s'ajuster à la fiscalité américaine, sans quoi les entreprises situées au Canada seront tentées d'aller s'implanter aux États-Unis. Enfin, plusieurs programmes gouvernementaux qui créent des distorsions dans la libre circulation des biens et des capitaux, y compris les politiques d'achat, le soutien au développement régional, le financement de l'innovation et de la recherche-développement, les offices de mise en marché et les initiatives de plusieurs sociétés d'État, risquent d'être remis en question. De façon générale, on peut facilement prévoir que la marge de manœuvre de l'État, qui définit dans une large mesure les spécificités canadienne et québécoise, se retrouvera plus encadrée et plus réduite qu'aujourd'hui.

Sur le plan politique, l'harmonisation fiscale et la crise budgétaire combineront leurs effets et exerceront de fortes pressions à la baisse sur les programmes sociaux, dont l'étendue et la «générosité» relatives sont considérées comme un élément-clé de la société distincte canadienne par rapport aux États-Unis. Parce que la fiscalité canadienne plus élevée constitue précisément la pierre d'assise de ces programmes, ces derniers ne pourront éviter d'être menacés dans les années à venir. La réforme de l'assurance-chômage et les remises en question du caractère exclusivement public de l'assurance-maladie sont autant d'indices que le processus est déjà enclenché.

Les inquiétudes politiques du Canada anglais se comprennent d'autant plus que les justifications historiques de l'existence du Canada, c'est-à-dire la volonté de l'empire britannique de «protéger» une partie de l'Amérique du Nord contre la révolution américaine, se sont depuis longtemps estompées. En plus, lès politiques canadiennes ont eu tendance, surtout dans la dernière décennie, à s'aligner davantage sur les politiques américaines. La politique étrangère canadienne, par exemple, est plus souvent qu'autrement une pâle copie de celle de Washington.

Selon de nombreux Canadiens, c'est l'intervention de l'État qui a rendu possible la survie du pays malgré des facteurs géographiques, démographiques et climatiques défavorables. C'est aussi l'intervention de l'État qui définit encore dans une large mesure l'autonomie relative du pays. À l'inverse, on est convaincu que le retrait de l'État de la vie économique, sociale et culturelle entraînerait la disparition du Canada à brève échéance. C'est pourquoi on redoute tant les effets du libre-échange et on est prêt à partir en croisade pour sauver les pouvoirs du gouvernement fédéral.

Au niveau culturel, les défis ne risquent pas de manquer non plus. Au Canada anglais, même si on réussit à fabriquer des produits culturels de qualité, on devra convaincre et surtout se convaincre que ceux-ci émanent d'une société véritablement distincte, basée sur des valeurs spécifiques et durables malgré l'immersion nord-américaine. On rétorquera avec raison que l'américanisation ou la mondialisation de la culture est un phénomène universel qui ne touche pas uniquement le Canada. En Europe et au Mexique, là où on retrouve des cultures nationales relativement fortes, on semble capable d'absorber les charges de l'américanisation tout en conservant les éléments qui font leur spécificité culturelle. Par contre, pour des cultures fragiles aux contours flous, comme au Canada anglais, le défi apparaît particulièrement costaud dans le contexte d'une imbrication économique et politique de plus en plus forte.

Dans les années 1970, le gouvernement fédéral entreprit des efforts particuliers pour lutter contre l'américanisation et pour soutenir la culture canadienne. Selon Philip Resnick:

> «Les années soixante-dix marquèrent la fin des exemptions fiscales dont bénéficiaient pour leur publicité les éditions canadiennes de magazines comme *Time* et le *Reader's Digest*, de même que l'adoption d'un ensemble de mesures visant à soutenir les cinéastes, les maisons d'édition et les groupes artistiques de toute nature. Phénomène plus important encore, la littérature, le théâtre, la danse et la musique parvenaient à une certaine plénitude, à l'instar de ce qui s'était passé au Québec pendant les années soixante[21].»

De même, au niveau économique, on a tenté de contrer la mainmise américaine sur les secteurs manufacturier et des ressources naturelles. La question de la propriété étrangère a été au centre de plusieurs rapports gouvernementaux (le Rapport Watkins de 1968, le Rapport Wahn de 1970, et celui du groupe de travail dirigé par Herb Gray en 1972), et a éventuellement mené à l'adoption d'une série de mesures adoptées par le gouvernement fédéral, notamment l'Agence d'examen de l'investissement étranger (FIRA) et la Corporation de développement du Canada (CDC). L'élection de Brian Mulroney et le traité de libre-échange avec les États-Unis devaient

---

21. *Ibid.*, p. 56.

toutefois dans une large mesure mettre fin à ces embryons de politiques économiques nationales.

Selon Christian Dufour, l'identité canadienne-anglaise est anti-américaine dans son essence même. «Si les Québécois comme collectivité en sont restés à la Conquête de 1760, le Canada anglais, lui, ne s'est jamais remis de la défaite des Loyalistes, quinze ans plus tard, aux mains des Américains[22].» D'où le sentiment passablement répandu au Canada anglais que les Québécois ont trahi le Canada en appuyant le libre-échange à l'occasion de l'élection fédérale de novembre 1988. On aurait alors apparemment fait preuve d'une indifférence flagrante à l'égard de la sécurité culturelle canadienne face aux Américains[23]...

Pour un grand nombre de Canadiens anglais donc, un gouvernement central fort constitue l'outil principal pour faire face aux défis de l'américanisation et pour construire une identité nationale forte. De ce point de vue, la division des pouvoirs inhérente au fédéralisme canadien et la dualité peuvent effectivement constituer des obstacles au nationalisme pancanadien. Par contre, ce n'est certainement pas à nous Québécois, qui plaidons pour un État provincial fort depuis la Confédération et encore plus depuis la Révolution tranquille, et cela essentiellement pour les mêmes raisons, de contester la légitimité de cette revendication. Et ce, même s'il est vrai qu'à l'occasion du référendum, la plupart des premiers ministres provinciaux était venue parader au Québec pour nous dire que tout était possible à l'intérieur d'un fédéra-

---

22. Christian Dufour, *Le Défi québécois*, Montréal, Éditions de l'Hexagone, 1989, p. 139.

23. Philip Resnick et Daniel Latouche, *op. cit.*, p. 56.

lisme renouvelé, y compris une décentralisation signi-
ficative des pouvoirs fédéraux. De son côté, et c'est
ce qui a occasionné sa perte, Brian Mulroney incarne
depuis quelques années une vision plus «provincia-
liste» du Canada. Les forces vives du pays, y compris
le Nouveau parti démocratique et le Parti libéral du
Canada, prêchent maintenant pour un État central
renforcé, capable d'endiguer la menace américaine,
d'éviter le démembrement du pays, et d'assurer aux
Canadiens un minimum d'autonomie. Il est tout à fait
plausible, dans l'état actuel des choses, que le Québec
soit davantage un boulet qu'une planche de salut
dans un Canada à la recherche de sa société distincte.
Selon Bela Egyed, professeur de philosophie à l'Université Carleton:

> «Les avantages pour le Canada anglais de la sépa-
> ration du Québec sont évidents... le démembrement
> du Canada est un danger plus sérieux que la sépa-
> ration; le processus est d'ailleurs déjà engagé parce
> que le gouvernement fédéral est paralysé dans ses
> efforts pour régler les problèmes spécifiques du
> Canada[24].»

Une partie de l'opposition à Meech provient du
constat, souvent confus et contradictoire, mais non
moins réel, que le Canada anglais ne peut plus se
contenter de s'appuyer sur le Québec pour assurer
son caractère distinct. Il doit prendre les moyens pour
assurer sa propre survie et sa propre identité culturelle. Pour plusieurs nationalistes canadiens-anglais,

---

24. Bela Egyed, «Québec should separate so that the rest of Canada can
unite», texte non publié, département de philosophie, Université Carleton, juin 1990, p. 12.

dont la célèbre romancière Margaret Atwood, le Canada peut exister sans le Québec. Pas étonnant donc que la déclaration de Jean Chrétien, pendant la campagne au leadership, à l'effet que le Canada anglais ne survivrait pas et se joindrait probablement aux États-Unis si le Québec se séparait, ait provoqué une si forte indignation chez nos compatriotes des provinces anglaises...

## Le Canada des régions: mythe ou alternative?

Après l'échec du lac Meech, plusieurs Canadiens et Québécois ont proposé de reconstruire le Canada sur la base de gouvernements régionaux forts associés dans une confédération décentralisée[25]. Cette conception s'oppose évidemment à celle d'un gouvernement central fort et semble rejoindre les préoccupations notamment du Reform Party dans l'Ouest canadien et les déclarations de Bill Vander Zalm, premier ministre de la Colombie-Britannique, en faveur d'une forme de souveraineté-association pour sa province. Qu'en est-il?

Quel que soit le statut politique que choisira de se donner le Québec dans les prochaines années, il ne fait aucun doute que la réalité régionale continuera d'exister au Canada et que les Maritimes et l'Ouest, par exemple, pourraient trouver avantage à s'unir dans des gouvernements régionaux. Il est beaucoup

_____

25. C'est le cas notamment de l'éditorialiste Alain Dubuc, du journal *La Presse*.

moins évident par contre, que les nouvelles instances régionales «remplacent» un gouvernement fédéral fort, ou favorisent une réduction des pouvoirs du gouvernement central.

Au moment de se joindre à la Confédération, les provinces maritimes étaient les colonies les plus prospères et les plus dynamiques de l'Amérique du Nord britannique. Des facteurs géographiques et économiques, ainsi qu'une politique nationale fédérale favorisant le Canada central ont provoqué le déclin de cette région. À l'heure actuelle, les provinces maritimes sont la région la plus pauvre du pays, et vivent une situation de sous-développement et de sous-industrialisation chronique. Le taux de chômage est le plus élevé au Canada, les investissements y sont faibles et on assiste à une forte migration vers le reste du Canada. Cette situation crée évidemment un sentiment d'aliénation et de frustration à l'égard du gouvernement fédéral qu'on tient responsable du cul-de-sac actuel. Par ailleurs, la dépendance à l'égard de la péréquation fédérale a atteint un point tel que les provinces maritimes n'ont guère le choix que de faire acte de foi envers le fédéralisme et un gouvernement central fort. Un affaiblissement du pouvoir de dépenser et de la marge de manœuvre économique de l'État canadien signifierait nécessairement une diminution des paiements de transfert, y compris les prestations d'assurance-chômage, d'allocations familiales, de pensions de vieillesse, les subventions au développement régional et les fonds liés aux accords sur le partage des coûts et la péréquation. Dans le cas de Terre-Neuve, par exemple, les paiements de péréquation viennent gonfler de 65 % les revenus du gouvernement provincial. Pas étonnant donc que Clyde Wells ait beaucoup insisté sur la nécessité de maintenir un gouvernement central fort.

C'est par contre dans l'Ouest canadien que le régionalisme s'est le plus développé dans les dernières années et qu'il constitue la menace la plus crédible à un gouvernement fédéral centralisé. Comme dans les Maritimes, le sentiment d'aliénation régionale s'appuie sur la perception que le gouvernement d'Ottawa constitue avant tout l'instrument du Canada central, et plus particulièrement du Québec. En effet, plus souvent qu'autrement, le Québec français sert de bouc émissaire pour la rancœur de l'Ouest:

> «Si les rivalités régionales sont normales dans un régime fédéral, il est quand même révélateur de constater que, dans les Prairies, le Québec demeure la cible favorite, alors que l'Ontario profite objectivement davantage du fédéralisme[26].»

À la différence des Maritimes, cependant, les provinces de l'Ouest possèdent une base économique relativement forte sur laquelle elles pourraient asseoir leurs revendications régionales ou autonomistes. Bien pourvues en matières premières et en ressources énergétiques, elles sont tournées vers le marché américain, profitent de plus en plus du nouveau dynamisme économique dans le Pacifique et seraient sans doute mieux servies au niveau économique par des relations plus directes avec les États-Unis. Historiquement, elles se sont appuyées sur des gouvernements provinciaux interventionnistes (notamment le CCF et le NPD), et elles ont participé à de nombreuses querelles

---

26. *Ibid.*, p. 139.

fédérales-provinciales sur le contrôle des ressources naturelles, notamment la potasse (Saskatchewan) et le pétrole (Alberta). La politique énergétique nationale du gouvernement fédéral qui fixa le prix du pétrole albertain en dessous du prix international dans le but de favoriser la base industrielle du Canada central, en particulier de l'Ontario, a été perçue comme un véritable *hold-up*.

Même dans l'Ouest, cependant, le régionalisme a ses limites. D'une part, cette région est loin d'être aussi monolithique que l'on pense. Le Manitoba, par exemple, en tant que province pauvre dépourvue de richesses naturelles importantes et fortement dépendante des paiements de transferts fédéraux, continue à revendiquer un gouvernement central fort capable d'égaliser les chances et les revenus entre les provinces. Gary Filmon a été très clair là-dessus pendant le débat sur le lac Meech. D'autre part, du point de vue de la langue, de la culture et des valeurs en général, la population de l'Ouest s'assimile tout à fait à l'entité anglo-canadienne. D'ailleurs, les sondages démontrent clairement qu'une très forte majorité de citoyens de ces provinces s'oppose à toute annexion aux États-Unis, et ce, malgré l'intérêt que cela pourrait représenter au niveau économique. Enfin, au niveau politique, le régionalisme de l'Ouest constitue sans doute avant tout une manifestation de son aliénation par rapport au Canada central et de son absence de pouvoir au niveau fédéral. Les provinces de l'Ouest pourraient vivre avec un gouvernement central fort et efficace, dans la mesure où elles y obtiendraient une meilleure représentation de leurs intérêts et une amélioration du rapport de forces. Ainsi,

«Contrairement au Québec, l'Ouest n'a jamais sérieusement envisagé de quitter le pays; son véritable but n'est même pas l'augmentation des pouvoirs des gouvernements provinciaux. Loin de vouloir faire bande à part, cette région aspire à une intégration accrue du système. Elle demande que les politiques fédérales tiennent réellement compte de ses préoccupations... Ce que désire l'Ouest, c'est influencer le pouvoir central dans le sens de ses priorités à lui, qui sont essentiellement économiques[27].»

Il est probable d'ailleurs que la souveraineté du Québec provoque un rapprochement sur une base plus égalitaire entre l'Ontario et les provinces de l'Ouest.

## Le Canada anglais face à la souveraineté du Québec

Je ne partage pas l'opinion qui veut que «l'effondrement du Canada anglais sera une conclusion inévitable de l'indépendance du Québec[28]». À mon avis, le processus de redéfinition des structures de l'État canadien qui a été entamé «par la bande» pendant les débats sur Meech, donnera lieu à de longues et ardues discussions. Mais même si on est encore loin d'un

---

27. *Ibid.*, p. 139.

28. Kimon Valaskakis, «Le Canada est menacé de divorce et le lac Meech n'est que la pointe de l'iceberg», *La Presse*, 15 novembre 1989.

consensus, le désir de survivre et de résister à l'américanisation et de s'appuyer pour ce faire sur un gouvernement fédéral relativement musclé, ne peut que déboucher sur un nouveau Canada dans les années à venir.

Encore une fois, le Québec aura été l'élément déclencheur dans ce processus. Le Canada anglais devient de plus en plus conscient de l'incompatibilité fondamentale entre sa vision du pays et celle du Québec. Cette attitude se traduit en partie par une «ouverture» plus marquée à l'égard de la souveraineté. Ainsi, selon un sondage Gallup effectué au début de juin 1990, trois Canadiens sur dix (29 %) appuyaient cette option pour le Québec[29]. Ces chiffres sont nettement plus élevés que ceux qui ont été enregistrés par la firme Gallup avant le référendum de 1980.

Le rejet des conséquences politiques de la spécificité du Québec et du concept des deux nations comme partie intégrante du fédéralisme canadien, ne signifie pas pour autant que le Canada anglais refuse tout nouveau *modus vivendi* avec le Québec. De plus en plus de Canadiens anglais perçoivent maintenant l'intérêt pour eux d'une redéfinition fondamentale des rapports entre le Québec et le reste du pays. Le lendemain de l'échec de Meech, le politologue Philip Resnick de la Colombie-Britannique écrivait que:

«La souveraineté du Québec, à l'intérieur d'une union confédérale avec le Canada, permettrait de réconcilier le désir d'une vaste majorité de

---

29. «Les Canadiens profondément divisés sur la question de la séparation du Québec», *La Presse*, 3 juillet 1990.

Canadiens anglais pour un gouvernement central raisonnablement fort , et celui des Québécois pour un gouvernement le plus fort possible[30'].»

L'ex-premier ministre de Terre-neuve, Brian Peckford, déclarait pour sa part que «le Québec doit maintenant devenir plus autonome politiquement tout en s'associant au reste du Canada sur le plan économique[31]». Daniel Drache et Mel Watkins, deux professeurs d'université bien connus à Toronto, se prononçaient dans les pages du *Globe and Mail*, pour une solution binationale avec des États séparés[32].

Ultimement, le dénouement de l'interminable saga du lac Meech signale, tant au Canada anglais qu'au Québec, un nouveau départ vers une redéfinition fondamentale — et combien nécessaire — des cadres politiques canadien et québécois.

30. Philip Resnick, «Vers une nouvelle union Canada-Québec», *Le Devoir*, 23 juin 1990.

31. Gilles Gauthier, «Peckford souhaite que le Québec devienne plus autonome politiquement», *La Presse*, 24 juin 1990.

32. Daniel Drache et Mel Watkins, «A wholly undemocratic process», *The Globe and Mail*, 6 juin 1990.

CHAPITRE VI

# La souveraineté
# et l'avenir du français

Obsédés par une grande difficulté à se définir en tant que société distincte des États-Unis, cet envahissant et trouble-fête voisin, les anglophones du Canada ont pourtant beaucoup insisté sur le fait que les Québécois ne constituaient pas une société distincte...

Avec d'autres Québécois, j'ai participé pendant les plus belles heures du vaudeville Meech, à d'interminables discussions au Canada anglais sur le sens profond de ce concept. Un brin agacés et un tantinet agressifs, mes interlocuteurs ne rataient jamais une occasion de me rappeler que les Québécois fréquentent tout autant qu'eux les *MacDonalds'*, qu'ils sont terriblement matérialistes et qu'ils ont un mode de vie et un système de valeurs typiquement nord-américains. Bien sûr, on réussissait tout de même à mettre en valeur notre production culturelle authentiquement québécoise, distincte de l'européenne et de l'américaine. C'est bien connu que contrairement aux Français, les Québécois sont les seuls à être capables d'écrire et de chanter du rock en français. On parvenait aussi à trouver certaines nuances dans nos comportements: une approche plus étatique et coopérative au développement économique, par exemple. Quand je voulais les énerver un peu, je leur parlais de notre libéralisme et de notre plus grande tolérance (confirmée par de nombreux sondages) à l'égard de l'homosexualité, de l'avortement, et évidemment, de la minorité anglophone.

Tout cela se défend, et certains le font fort bien. Il faut bien admettre qu'au-delà de l'image qu'on préférerait peut-être avoir de nous-mêmes, nous demeurons dans une large mesure des Nord-Américains, et que donc, plus que les infinies nuances dans les comportements et les valeurs, la langue française demeure un des caractéristiques dominantes de l'identité québécoise. Conséquemment, parmi toutes les raisons qui militent en faveur de la souveraineté du Québec, le maintien et le développement de notre langue viennent en tête de liste.

Quand on regarde l'évolution des attitudes au Québec depuis une quinzaine d'années, on ne peut qu'être frappé par une contradiction apparente. D'un côté, on projette une image dynamique, novatrice et tournée vers l'avenir. Comme en témoigne l'appui important au libre-échange, les gens d'affaires et l'ensemble de la société québécoise s'ouvrent rapidement sur le continent et sur le monde, et avec enthousiasme. D'un autre côté, on a la vision d'un Québec frileux et inquiet face à son avenir, dont l'insécurité linguistique et culturelle amène le rejet du bilinguisme institutionnel et appelle une protection législative importante. Ces deux visions ne divisent pas les Québécois en deux camps opposés, mais cohabitent chez la plupart des individus, reflétant fidèlement les réalités du Québec moderne. Bien qu'elles ne sont pas toujours faciles à réconcilier, elles découlent logiquement l'une de l'autre. L'ouverture large sur le continent et sur le monde doit inévitablement s'accompagner de politiques vigoureuses de soutien à la langue et à la culture.

Dans le contexte d'une souveraineté à construire, il apparaît plus important que jamais de faire le point sur les sources de l'insécurité linguistique des francophones au Québec, sur les contextes historique et législatif qui ont présidé à l'évolution de notre langue, sur la place des minorités francophones au Canada, ainsi que sur notre propre minorité anglophone.

## Le français est-il toujours menacé au Québec?

Historiquement, la survivance des francophones au Québec a été assurée par un taux de natalité élevé et l'isolement relatif de sa population. Aujourd'hui, la situation démographique et l'intégration géopolitique et culturelle du Québec à l'Amérique du Nord constituent les principales sources d'insécurité.

Le taux de fécondité est passé de 4,3 enfants entre 1956 et 1961 — soit un des niveaux les élevés des pays industrialisés — à 1,5 entre 1981 et 1986, ce qui ne permet même pas à la population de se renouveler. En 1987, on enregistrait le plus bas taux de fécondité de notre histoire, soit 1,35 enfant. Une légère remontée à 1,41 enfant a été constatée en 1988. Il est encore trop tôt cependant pour affirmer qu'il s'agit là d'un renversement significatif des tendances. De toute manière, il est clair que les taux actuels ne permettent toujours pas le renouvellement de la population francophone. En plus, un grand nombre d'immigrants continuent toujours à choisir l'anglais comme langue d'usage.

Si la fécondité et les mouvements migratoires demeurent ce qu'ils sont, la population du Québec commencera à décliner au début du siècle prochain, soit dans moins de dix ans. Dans 50 ans, les démographes estiment que le nombre de francophones ne sera plus que de 4,8 millions. Il faut ajouter à cela que la part du Québec dans la population canadienne qui était de 29 % en 1951 et qui n'était plus que de 26,5 % en 1981, se réduira encore, passant à environ 24 % en 2006. Le déclin subséquent de l'influence politique du Québec à l'intérieur du Canada suivra inévitablement. Par ailleurs, selon Michel Paillé, démographe au Conseil de la langue française, la proportion des francophones dans l'ensemble du Québec, qui était de 83 % en 1986, a cessé d'augmenter et déclinera d'ici 1996. À Montréal, par exemple, la proportion de francophones pourrait former 57 % de la population en 1996, ce qui se compare avec 60 % en 1986 et 64 % en 1951. En théorie, on pourrait toujours tenter de réduire l'entrée de nouveaux immigrants. En pratique, cependant, le Québec, plus encore que les autres provinces, a désespérément besoin de relever son poids démographique et de ralentir le vieillissement de sa population.

Autre phénomène important pour l'avenir du français au Québec, l'Amérique du Nord n'échappera pas à la tendance de plus en plus marquée vers la création de regroupements économiques régionaux et continentaux. Cette intégration croissante aura inévitablement des conséquences sur l'autonomie politique et culturelle du Canada et du Québec, bien que celui-ci soit relativement protégé par une langue et une culture distinctes. Quand J.R. Ewing de Dallas parle français, quand Céline Dion et les autres aspirent au «big time» américain en chantant en anglais, et quand Jean-Pierre Coallier mimique jusqu'à l'indécence David Letterman du «Late Night» du réseau NBC, cela fait évidemment sourire, mais cela concrétise également l'ampleur des défis que se devra de relever la spécificité québécoise si elle doit survivre. Il n'est pas question ici de porter un jugement ou encore moins de condamner, mais simplement de constater un état de fait.

Même si le bilinguisme institutionnel va sans doute reculer au Québec, tout porte à croire que le bilinguisme individuel chez les francophones va continuer à avancer. Quel que soit le statut politique que choisiront les Québécois dans les années à venir, cette tendance risque de s'accentuer. Encore plus que les Européens pour qui l'anglais est devenu une langue seconde incontournable, un nombre de plus en plus grand de Québécois devront, s'ils veulent éviter la marginalisation et tirer leur épingle du jeu dans le contexte nord-américain, pouvoir se débrouiller en anglais. De nombreux parents font d'ailleurs des pressions en ce sens dans nos écoles...

Les francophones au Québec sont dans un état d'immersion linguistique et culturelle permanent dans l'univers anglo-américain. Selon une enquête du Conseil de la langue française réalisée en 1985, 59 % des disques et des cassettes achetés par des Franco-Québécois dans les trois mois précédents étaient de langue anglaise. Chez les 18-30 ans, 64 % de ceux interrogés consommaient plus de disques et de cassettes anglais que français. Quatre films sur dix avaient été vus en anglais par des francophones, et 30 % des heures d'écoute de la télévision étaient consacrés à des émissions en anglais. Sans compter, enfin, que le développement du bilinguisme amènera une consommation encore plus grande de produits culturels américains.

Le Québec ne baigne pas uniquement dans la culture, mais aussi dans la science et la technologie nord-américaines. Les entreprises spécialisées dans l'équipement informatique et les instruments scientifiques sont très majoritairement non francophones, et la dépendance du Québec par rapport aux États-Unis est très forte de ce côté. La plupart du temps, l'équipement de haute technologie se présente en anglais et fonctionne en anglais. En vertu de l'article 144 de la loi 101, l'Office de la langue française a d'ailleurs autorisé un grand nombre de sièges sociaux et de centres de recherche à fonctionner en anglais.

Le traité de libre-échange avec les États-Unis risque également à moyen et long termes, de constituer un défi important pour la langue française au Québec. En effet, les normes économiques issues de ce traité ne vont-elles pas imposer leurs priorités à l'encontre des normes linguistiques dans les nombreux domaines où ces deux aspects sont présents et éventuellement en concurrence? Par exemple, peut-on penser que les normes affectant de près ou de loin la présentation des produits échangés seraient à l'abri d'une revendication des États-Unis selon laquelle les contraintes linguistiques touchant l'étiquetage constituent une barrière non tarifaire. Plus important, il semble probable que le degré plus poussé d'intégration économique découlant du libre-échange accentuera les pressions sur le français langue de travail.

## Les lois linguistiques sont-elles efficaces?

Le 27 juin 1968, les commissaires de la Commission scolaire de Saint-Léonard, un quartier du nord-est de Montréal, adoptèrent une résolution faisant du français la langue d'enseignement pour tous les élèves de première année du cours primaire. Cette proposition provoqua une sérieuse crise linguistique, y compris de violents affrontements à l'occasion de la rentrée scolaire de 1969. Dans une tentative de régler le problème, le gouvernement du Québec adopta la loi 63 qui confirmait le droit des parents au libre choix de la langue d'enseignement.

Devant l'insatisfaction grandissante des francophones, le gouvernement décida de créer une Commission d'enquête «sur la situation de la langue française et sur les droits linguistiques au Québec». La Commission Gendron, qui déposa son rapport en 1972, choisit de ne pas toucher à la langue d'enseignement, préférant attendre quelques années afin de mieux évaluer les effets de la loi 63. En revanche, ayant constaté que seulement 64 % des francophones travaillaient dans leur langue, la Commission accorda une plus grande importance à ce problème.

Pendant ce temps, les immigrants continuaient massivement d'envoyer leurs enfants à l'école anglaise. Les pressions de l'opinion publique et le recensement de 1971 qui soulignait avec acuité le déclin démographique des francophones à travers le pays tout entier, poussèrent le nouveau gouvernement Bourassa à adopter en 1974 la loi 22. Cette dernière proclamait le français, seule langue officielle du Québec et traitait de la langue d'enseignement, de l'administration publique et des entreprises. Une régie de la langue française était créée pour inciter les employeurs à adopter un programme de francisation sous peine de ne pouvoir recevoir de subventions ou de conclure un contrat avec le gouvernement. Par ailleurs, la loi imposait aux enfants qui voulaient recevoir leur enseignement en anglais de passer des tests d'admissibilité, ce qui souleva beaucoup de mécontentement tant chez les francophones que chez les anglophones et les allophones, quoique pour des raisons différentes.

La Charte de la langue française ou la loi 101, fut adoptée en 1977, soit quelques mois seulement après l'élection du Parti québécois. Cette loi témoignait d'une volonté claire de revalorisation et de renforcement de la langue française et des francophones eux-mêmes. Pour ce faire, elle limitait l'accès à l'école anglaise aux enfants dont au moins un des parents avait fait ses études dans un école anglaise du Québec. La Charte prévoyait également des mesures de transition afin d'éviter de diviser les enfants d'une même famille, ainsi que des dérogations pour les personnes séjournant temporairement au Québec. Au niveau de la langue de travail, tout un dispositif de francisation des entreprises était mis en place par l'Office de la langue française. Contrairement à la loi 22, la francisation des entreprises n'était plus facultative: toutes les entreprises ayant 50 employés ou plus se voyaient obligées d'appliquer un programme de francisation. La loi 101 précisait les objectifs de la francisation, en fixait les modalités et les délais de réalisation et prévoyait des sanctions somme toute fort limitées s'appliquant aux contrevenants.

Le programme de francisation devait prendre les mesures nécessaires pour que les employés de l'entreprise puissent travailler en français et pour que les communications internes entre la direction et le personnel, tout comme entre les travailleurs eux-mêmes, se fassent en français. L'entreprise se devait d'avoir une politique d'embauche et de promotion qui soit en accord avec les objectifs de cette francisation. On exigeait également que les catalogues, manuels d'instructions et de fabrication, de même que les instructions affichées sur les machines soient en français. Enfin, on demandait à l'entreprise de se présenter en français, en utilisant cette langue dans sa publicité et dans ses communications avec sa clientèle, ses fournisseurs ou le public en général.

La Charte se préoccupait aussi de la francisation du «visage» du Québec. Ainsi, l'affichage et la publicité imprimée se feraient désormais uniquement en français. L'administration publique, les entreprises d'utilité publique, les ordres professionnels et leurs membres devaient rendre leurs services disponibles en français. Elles pouvaient cependant communiquer dans une autre langue avec les personnes physiques qui s'adressaient à elles.

Concrètement, quels ont été les effets de la loi 101 sur la conjoncture linguistique au Québec? C'est sans doute au niveau de la langue d'enseignement des immigrants que la Charte aura eu l'impact le plus positif. En 1976, à la veille de l'entrée en vigueur de la loi, le pourcentage des élèves étudiant en anglais, sur l'ensemble des élèves du Québec, était de 16,6 %. Dix ans plus tard, il n'était plus que de 10,4 %. Par ailleurs, le pourcentage des allophones fréquentant l'école anglaise passait de 85 % à 36 % en 1986-1987, ce qui marquait un net renversement des tendances, compte tenu du fait que la loi 101 n'était pas rétroactive et permettait aux enfants légalement inscrits à l'école anglaise lors de l'adoption de la loi de continuer à y recevoir leur enseignement, ainsi que leurs frères et sœurs cadets. Dans la région de Montréal, 76 % des écoliers nés à l'extérieur du Canada étaient inscrits à l'école française en 1982-1983, contre seulement 23 % lors de l'entrée en vigueur de la loi 101. Enfin, une étude gouvernementale publiée en juin 1990, démontrait que 81 % des allophones fréquentant l'école française poursuivaient leurs études en français au niveau Cégep. En 1989, les allophones comptaient pour 39 % de la population étudiante totale dans les Cégeps francophones, en comparaison avec 14 % en 1980. Les progrès étaient donc importants, mais le fait que l'anglais occupe encore une place importante dans les communications entre les élèves inscrits dans les écoles pluriethniques francophones, demeure un défi de taille.

La Charte de la langue française a été relativement efficace dans la francisation du «visage» québécois. Grâce à la loi 101, le français a réussi à s'imposer dans les raisons sociales, sur les grands panneaux-réclame, les enseignes des magasins, les affiches publicitaires et commerciales, ainsi que sur les panneaux de signalisation. La grande majorité des produits offerts au Québec comporte maintenant une présentation en français, aussi bien dans l'étiquetage que dans les catalogues et les dépliants publicitaires.

Certains progrès ont également été réalisés dans la francisation des entreprises, surtout au niveau des communications internes, de la diffusion de la terminologie française dans tous les secteurs de travail et de la présence accrue de francophones. La proportion de ces derniers parmi les cadres et les dirigeants d'entreprises est passée de 64,9 % en 1971 à 69,1 % en 1981. Les écarts de revenus entre francophones et anglophones s'amenuisent depuis 1970. De même, on note une progression importante depuis 1961 du nombre d'entreprises appartenant à des francophones. Néanmoins, 50 % des administrateurs anglophones de Montréal ne travaillaient toujours qu'en anglais en 1979, comparativement à 32 % seulement de leurs homologues francophones qui ne travaillaient qu'en français.

Selon l'OLF, près de 40 % des entreprises québécoises touchées par la loi 101 ne possèdent toujours pas leur certificat de francisation. Un sondage réalisé par l'Office en 1988 révélait que 54 % des comités de francisation étaient considérés comme peu ou pas du tout actifs. Cinquante-huit pour cent des entreprises consacraient seulement sept heures et demie ou moins par année aux activités du comité. Il faut rappeler aussi que seules les entreprises de 50 travailleurs ou plus doivent appliquer un programme de francisation approuvé par l'OLF. Or, les entreprises qui ne sont pas touchées par cette loi représentent plus de la moitié des travailleurs du Québec.

En avril 1989, l'Office de la langue française publiait une étude réalisée par la firme Jolicœur et Associés, intitulée «Le français, langue de travail, une nécessaire réorientation». Ce rapport démontrait clairement que la francisation piétinait toujours tant dans la grande entreprise que dans les PME, et recommandait une action concertée du patronat, des travailleurs et de l'État afin de relancer la francisation. Parmi les conclusions de l'enquête, l'implantation de l'informatique, de la bureautique, de même que la documentation en anglais provenant des fournisseurs d'équipements, constituaient un frein à l'utilisation du français dans les entreprises. On y constatait aussi que «le poids des anglophones et le taux élevé de bilinguisme des francophones ont créé des habitudes de communication très difficiles à modifier, où l'anglais est la norme[1]».

À ce jour, le ministre responsable de l'application de la loi 101, Claude Ryan, n'a donné aucune suite à ce rapport et s'est plutôt montré peu enclin à faire progresser le dossier. Pourtant, la langue de travail et la francisation des entreprises seront déterminantes pour l'avenir du français au Québec. C'est avant tout à ce niveau que se joueront l'équilibre linguistique et la capacité de la majorité francophone de servir de pôle d'attraction. En effet, le choix linguistique des allophones dépendra essentiellement de la langue de l'argent, de celle qu'il faut savoir parler pour trouver un bon emploi et se bâtir une carrière. L'imbroglio sur la langue d'affichage et la loi 178 camoufle mal le manque de courage et de volonté politiques de nos élus dans ce dossier autrement plus névralgique pour notre avenir.

Si les Québécois craignent tant une immigration massive et adoptent encore parfois des comportements ethnocentristes, c'est parce qu'ils sont conscients de leur vulnérabilité en matière de langue et de culture et qu'ils doutent de leur capacité à attirer et intégrer véritablement les nouveaux arrivants à la société québécoise francophone. Une partie du problème découle du fait que l'immigration demeure une juridiction partagée entre Ottawa et les provinces. Le Québec se doit pourtant de posséder les pleins pouvoirs dans ce domaine. Évidemment, la souveraineté lèverait les ambiguïtés et enverrait aux immigrants un

---

1. Johanne Lenneville, «La promotion du français au travail: pas facile», *La Presse*, 12 avril 1989.

message clair sur le caractère français du Québec. Il faudrait également améliorer la formation linguistique qui s'avère fondamentale dans l'intégration des allophones. Le ministre des Communautés culturelles et de l'Immigration du Québec pourrait faire beaucoup plus pour attirer ici des immigrants francophones ou «francophonisables». L'application bêtement mécanique des critères économiques de rentabilité immédiate, c'est-à-dire la capacité d'occuper un emploi, prive le Québec de milliers de Français, de Belges, de Suisses et d'Africains francophones.

En fait, le Canada et le gouvernement fédéral n'ont jamais constitué un rempart pour la langue française en Amérique. Au contraire, depuis Trudeau, l'État central semble beaucoup plus préoccupé du sort de la minorité anglo-québécoise et des minorités francophones hors Québec. Ottawa est demeuré sourd devant les menaces par trop réelles à l'intégrité et la sécurité culturelles des Franco-Québécois. Le gouvernement fédéral a d'ailleurs consacré des énergies et des ressources considérables afin de mieux contester et réduire l'impact de la loi 101.

En effet, au cours des années qui suivirent l'adoption de celle-ci, plusieurs jugements sont venus en affaiblir considérablement la portée. En mars 1984, dans l'affaire Miriam, la Cour d'appel statuait qu'un employeur n'est obligé d'utiliser le français dans ses communications que lorsqu'il s'adresse à l'ensemble de son personnel et non à un employé en particulier. En août 1983, la Cour supérieure, dans l'affaire Sutton, décrétait qu'un patient désirant obtenir d'un professionnel un rapport médical en français devait en faire la demande avant que ce dernier ne l'ait rédigé.

Plus important encore, en décembre 1979, la Cour suprême déclarait inconstitutionnel le chapitre 3 de la

Charte portant sur la langue de la législation et de la justice. Ce chapitre était jugé contraire à l'article 133 de l'AANB exigeant que toutes les lois du Québec soient rédigées et adoptées dans les deux langues, et stipulant que toute personne a le droit d'utiliser le français ou l'anglais devant les tribunaux. En juillet 1984, la Cour suprême rendait inopérant le chapitre 8 de la loi 101 sur la langue d'enseignement, le jugeant incompatible avec l'article 33 de la nouvelle loi constitutionnelle de 1982. En fait, ce jugement est venu substituer la «clause Canada» à la «clause Québec» de la loi 101, c'est-à-dire qu'il permettait désormais l'accès à l'école anglaise aux enfants de parents ayant reçu leur instruction primaire en anglais n'importe où au Canada. D'ailleurs, les juges du plus haut tribunal du pays ont reconnu que l'article 33 avait été expressément rédigé par le législateur afin de contrer les dispositions de la loi 101 relatives à la langue d'enseignement. Finalement, dans son jugement rendu le 15 décembre 1988, la Cour suprême établissait que les articles 58 et 69 de la loi 101, dans la mesure où ceux-ci prohibent l'usage de langues autres que le français dans l'affichage commercial, la publicité ou les raisons sociales, restreignent la liberté d'expression «commerciale».

## Quand les démographes se politisent...

Parce que l'avenir de la langue française est devenu une des justifications politiques majeures à la souveraineté du Québec, le débat sur cette question depuis quelques années s'est considérablement politi-sé. Au Canada anglais, et chez certains fédéralistes francophones, on tente par tous les moyens de nier l'existence même de la menace démolinguistique qui pèse sur les Franco-Québécois. Ainsi, plusieurs démographes et statisticiens choisissent parfois de laisser tomber leurs prétentions scientifiques et font gaiement dans la propagande de basse cour, se plaçant de fait dans une position fort ambiguë.

Suite à des pirouettes inélégantes, et allant ainsi à l'encontre d'une majorité de démographes, Réjean Lachapelle, statisticien en chef de Statistiques Canada, concluait dans une conférence prononcée à l'Université Queen's en décembre 1989, que «sur tous les plans, la situation du français s'est améliorée au Québec comme dans certaines autres provinces[2]». Il fondait cette extraordinaire conclusion sur les facteurs suivants: hausse de la transmission intergénérationnelle du français langue maternelle, augmentation de la proportion des locuteurs de la langue française parmi les non-francophones, et attraction accrue de l'école française.

Or, M. Lachapelle, comme il l'admet lui-même, ne prend pas en considération dans son analyse les deux éléments-clés de la situation démolinguistique des francophones, soit le faible taux de fécondité et l'impact négatif de l'immigration. Concernant la hausse de la transmission intergénérationnelle du français langue maternelle, M. Lachapelle relève une baisse du taux net d'anglicisation tant au Québec que

---

2. Réjean Lachapelle, «Démographie et langues officielles au Canada», conférence prononcée au colloque «Vers la coexistence équitable et la réconciliation: droits et politiques linguistiques», Université Queen's, 8 décembre 1989, p. 10.

dans l'ensemble du Canada. Outre le fait que l'anglicisation se poursuit néanmoins, on peut formuler des
critiques sévères mettant en doute le sérieux de cette
analyse. Selon le mathématicien de l'Université d'Ottawa, Charles Castonguay, le critère utilisé par Réjean
Lachapelle, soit la transmission accrue du français des
mères aux enfants, est inadéquat. Les données basées
sur le rapport entre la langue maternelle et la langue
d'usage actuelle à la maison, qui permettent d'obser-
ver directement l'évolution de l'assimilation linguistique au foyer chez les membres d'une même famille,
sont beaucoup plus pertinentes, et ne font voir aucun
ralentissement significatif entre 1971 et 1986 dans le
rythme d'anglicisation des jeunes adultes de langue
maternelle française au Canada[3]. L'amélioration de la
transmission intergénérationnelle du français ne semble donc pas s'accompagner d'une baisse correspon-
dante du taux d'anglicisation des francophones
parvenus à l'âge adulte, y compris chez les jeunes
femmes. Avant de tirer une conclusion définitive
quant à l'évolution de l'anglicisation au Canada, il
serait préférable de chercher à expliquer ce paradoxe,
au lieu de le passer sous silence[4]. Est-il nécessaire de
rappeler le nombre de Canadiens d'ascendance pater-
nelle française qui ont maintenant l'anglais comme
langue d'usage à la maison?

En outre, le mouvement noté par Réjean Lachapelle peut s'expliquer par la progression de l'assimilation elle-même, et pas nécessairement parce que la
position du français s'est améliorée. En effet,

---

3. Charles Castonguay, «Commentaire présenté au Colloque international sur la diffusion des langues», Centre international de recherche sur
le bilinguisme, Québec, Université Laval, 9 au 12 avril 1989, p. 2.

4. *Ibid.*, p. 3.

«À mesure que les francophones établis à l'extérieur du Québec s'assimilent à l'anglais et que la population francophone résiduelle se concentre davantage au Québec, la proportion de francophones 'soumise au risque' de l'anglicisation, selon le vocabulaire démographique usuel, s'amenuise. Au rythme d'anglicisation de se ralentir alors pour le Canada dans son ensemble, faute d'arrivée en grand nombre de nouveaux francophones facilement assimilables à l'extérieur du Québec[5].»

Il serait donc essentiel de pouvoir mesurer à quel point le ralentissement éventuel d'un indicateur d'assimilation pour l'ensemble du Canada s'explique par ce nouveau comportement migratoire voulant que les francophones soient davantage enclins que par le passé à rester au Québec, avant de conclure que la position du français s'est améliorée grâce précisément à quelques progrès proprement linguistiques. Tel que le souligne Charles Castonguay, des considérations analogues s'appliquent à l'anglicisation de l'ensemble des

«... minorités francophones à l'extérieur du Québec. À mesure que les francophones du Nouveau-Brunswick, qui résistent nettement mieux à l'assimilation, représentent, suite à l'assimilation plus rapide des autres minorités francophones plus exposées au risque, une part croissante des francophones résidant à l'extérieur du Québec, il faut s'attendre à une baisse du taux d'anglicisation hors Québec[6].»

---

5. *Ibid.*, p. 3.
6. *Ibid.*, p. 2.

Concernant la progression du bilinguisme parmi les non francophones, on ne peut prétendre que la hausse du nombre de locuteurs occasionnels du français (les anglophones) compense, en qualité ou en quantité, la baisse relative de ses locuteurs habituels (les francophones). Selon Charles Castonguay, «l'évolution dont fait état Réjean Lachapelle représente bien davantage une dilution qu'une diffusion du français au Canada[7]». Quant aux données sur la langue parlée habituellement à la maison, seules aptes à témoigner de l'usage actuel du français, elles poursuivent inexorablement leur baisse... En plus, tout indique que la connaissance du français chez les non francophones demeure largement superficielle et n'implique pas, dans au moins un tiers des cas, la capacité de soutenir une conversation «assez longue sur divers sujets».

La guerre des chiffres et des interprétations démolinguistiques ne fait que commencer. C'est à suivre.

## L'avenir des minorités linguistiques

Plusieurs ont proposé une solution territoriale pour régler la crise linguistique au Québec et au Canada. L'exemple classique en est évidement la Suisse, là où les frontières linguistiques séparent les régions allemandes, italiennes et françaises d'une telle manière que l'unilinguisme est de rigueur dans le fonctionnement des services gouvernementaux locaux,

---

7. *Ibid.*, p. 1.

des écoles et de la vie publique en général. Les citoyens suisses sont libres de traverser les frontières
linguistiques, mais s'ils le font, ils doivent s'attendre
à devoir changer de langue comme le ferait un immi-
grant dans son pays d'accueil. La stratégie politique
qui guide ces réglements stricts consiste à séparer les
langues le plus possible à l'échelle régionale et à confi-
ner le bilinguisme ou le multilinguisme au palier central de gouvernement, stratégie qui cherche à prévenir
le contact afin de mieux prévenir les conflits. La Bel-
gique a adopté un système semblable en faisant de la
Flandre une région flamande et de la Wallonie une
région française, mais elle a été incapable d'appliquer
entièrement le modèle suisse parce que sa capitale,
Bruxelles, est une ville à prédominance française bien
établie en territoire flamand. Faisant exception à la
règle de l'unilinguisme territorial, la capitale belge a
été désignée région bilingue[8].

Il est fort possible qu'un jour ou l'autre, avec ou
sans la souveraineté, le Québec se retrouve, par la
force des choses, dans une situation similaire. Au nom
de l'ouverture, du pluralisme et de la tolérance, je pré-
férerais pour ma part une solution qui favoriserait la
survie des minorités, tant à l'intérieur qu'à l'extérieur
du Québec. Une des exigences fondamentales de la
conjoncture actuelle est une prise de position sans ambiguïté sur les droits politiques des différentes composantes de la société québécoise. Les frustrations
accumulées ou à venir, y compris l'opposition inévitable d'une forte majorité de Québécois non francophones à la souveraineté, ainsi que le danger réel d'un

---

8. Jean Laponce, «Pour réduire les tensions nées des contacts interlin-
guistiques: solutions personnelles ou territoriales?», conférence à Kingston, Ontario, 9 décembre 1989.

ressac anti-francophone dans les provinces anglaises, comportent des risques de débordement et de réactions d'intolérance au Québec même. D'où l'importance que tout projet politique ou déclaration de souveraineté souligne et confirme clairement la place historique des anglophones, autochtones et membres des différentes communautés culturelles en tant que citoyens à part entière dans un Québec résolument français.

Par contre, l'intégration des anglophones à la société québécoise risque d'être difficile. Beaucoup reste encore à faire dans ce domaine, et ce, des deux côtés. Les efforts des anglophones pour apprendre le français n'ont commencé réellement qu'après la première victoire du PQ en 1976. Aujourd'hui, si on se fie au sondage Sorécom effectué pour le compte d'Alliance Québec en mai 1990, près de 60 % des anglophones interrogés se déclarent pessimistes ou très pessimistes quant à leur avenir au Québec, tandis que plus du tiers croient qu'il est probable ou très probable qu'ils quittent la province d'ici les deux prochaines années, dont plus de la moitié le feraient pour des raisons politiques[9]. Cinquante-sept pour cent croient que les relations entre les deux communautés vont plutôt mal. Ce sondage démontre également que la bilinguisation des anglophones n'est pas nécessairement garante de leur intégration, puisque plus de 40 % des jeunes ayant plus de 16 années de scolarité — donc les plus «bilingues» d'entre eux — croient qu'ils quitteront le Québec d'ici deux ans[10].

---

9. Résultats publiés par Alliance Québec, Montréal, juin 1990.

10. Cette tendance confirme celle déjà observée dans les années 70 par Uli Locher, dans *Les anglophones de Montréal: émigration et évolution des attitudes 1978-1983*, Québec, Gouvernement du Québec, 1988.

Fait inquiétant, le sondage confirme l'espèce d'*apartheid* dans lequel vivent francophones et anglophones. Même en 1990, les anglophones continuent à avoir peu ou pas de contacts sociaux avec leurs compatriotes francophones; 90 % d'entre eux disent ne parler français avec des amis qu'à l'occasion, rarement ou jamais. Pas surprenant alors que lorsqu'on leur demande d'évaluer l'état des relations entre les deux communautés depuis 2 ans, seulement 10 % d'entre eux croient qu'elles se soient améliorées. Le fait qu'il y ait encore 51 % des anglophones qui n'utilisent le français au travail qu'à l'occasion, rarement ou jamais[11], en dit long sur la situation du français comme langue de travail. Il est quand même étonnant que lorsqu'arrive le moment de tirer les conclusions de ce sondage, Alliance Québec fasse porter le poids de l'avenir de la communauté anglophone exclusivement sur les épaules de la majorité:

> «Le défi qui se pose à la société québécoise est de répondre aux préoccupations de la communauté d'expression anglaise et d'éviter un nouvel exode des personnes d'expression anglaise[12].»

On aurait pourtant été en droit de s'attendre à ce que la communauté anglophone elle-même soit prête au moins à *partager* avec les francophones le défi de leur intégration à la société québécoise.

Afin de mieux comprendre le comportement des Anglo-Québécois, il faut toutefois rappeler que depuis

---

11. Sondage Sorécom, *op. cit.*

12. *Ibid.*, pp. 7-8.

la loi 22, ceux-ci vivent une crise existentielle profonde. À mesure que les francophones résolvent la leur, celle des anglophones semble s'aggraver. Plutôt que de se sentir interpellés par les événements, ils se sentent agressés, attaqués, bousculés. Ils refusent le statut de minorité parce qu'il leur a été imposé par des mesures législatives. Le vrai problème, c'est donc que la minorisation des Anglo-Québécois, dans la mesure où celle-ci existe, demeure de nature essentiellement involontaire[13].

La minorité anglophone se retrouve à l'heure actuelle dans une situation pour le moins ambiguë. En effet, faisant partie de la majorité anglophone du Canada et d'Amérique du Nord, elle accepte mal son statut de minorité. S'intégrer, pour la majorité des anglophones, ce n'est qu'apprendre le français. Or, s'intégrer, c'est surtout accepter de participer pleinement et de contribuer à la société dans laquelle on vit. Dans le cadre d'une conférence qu'il prononçait le 25 avril 1990 devant un auditoire anglo-montréalais, Peter Blaikie, ancien président d'Alliance Québec, énonçait quelques vérités qui, proférées par un francophone, auraient probablement passé pour de la xénophobie. Rappelant que dans une société multiethnique, le bilinguisme est toujours «l'obligation de la minorité», il déplorait qu'il soit encore possible aujourd'hui à Montréal de vivre entièrement en anglais. Il faudra, selon lui, que les anglophones s'identifient dorénavant au Québec avant tout s'ils escomptent avoir une place dans le Québec de demain: «until we think of ourselves as Quebecers, it's

---

13. Voir Josée Legault, «La minorité anglo-québécoise: une réflexion théorique», texte à paraître dans le numéro d'automne 1990 de la revue *Égalité*.

going to be very difficult for us[14]». Pour ce faire, Blaikie demandait aux anglophones de s'intégrer également à la dynamique politique québécoise en se
joignant à un ou l'autre des partis en place, y compris
le PQ.

Mais en fait, seul un Québec souverain offre la
possibilité d'une réelle réconciliation entre les deux
communautés[15]. Une fois levée l'hypothèque du bilinguisme institutionnel et les ambiguïtés quant au choix
linguistique des communautés culturelles, les francophones retrouveront alors une certaine sécurité.

Ainsi, le jour où elle ne sera plus perçue comme
une menace pour les francophones, la langue anglaise
pourra sans doute jouir d'une plus grande marge de
manœuvre dans un Québec plus tolérant de ses
minorités. Pour les francophones eux-mêmes, elle sera
davantage perçue comme un instrument de pouvoir
dans un continent anglophone. On peut même rêver
du jour où on pourra se passer de béquilles comme
la loi 101. Comme le disait si bien René Lévesque, les
législations linguistiques sont essentiellement «humi-
liantes» pour ceux qui les adoptent.

On a dit et répété que les droits et institutions
des anglophones font l'envie de toutes les minorités
francophones du pays. Ils possèdent et administrent
un réseau scolaire complet et financé par l'État, y
compris trois universités. L'anglais est reconnu
devant tous les tribunaux. La communauté anglophone contrôle son propre réseau d'hôpitaux, tandis
que la loi 142 garantit des services sociaux et de santé

---

14. Peter M. Blaikie, «The future of the anglophone ethnic minority in
Québec», conférence, Synagogue Emanu-El-Beth-Sholom, 25 avril 1990.

15. Josée Legault, *op. cit.*

dans leur langue, etc. Il ne saurait être question de pavoiser. La minorité anglophone doit continuer à être traitée avec justice et équité, comme dans toute société normale et civilisée.

À l'extérieur du Québec, la situation est toute autre. Les minorités francophones vivent à l'heure actuelle une des périodes les plus difficiles de leur histoire. Ce qui n'est pas peu dire. Sault-Sainte-Marie a fait boule de neige et a aidé à attiser une intolérance déjà latente. L'après-Meech et la souveraineté n'arrangeront peut-être pas les choses. Par contre, il faut bien admettre que la situation démographique de ces minorités est catastrophique, et ce, malgré certains efforts du gouvernement fédéral, et que dans plusieurs provinces anglaises, le processus d'assimilation semble irréversible.

Au Manitoba, le nombre de francophones a chuté de 40,000 en 1971 à 23,000 en 1986. En Saskatchewan, pendant la même période, les francophones passaient de 16,000 à 6,000. Malgré l'arrivée de nombreux Franco-Québécois en Alberta pendant le boom pétrolier, 17,000 personnes seulement y parlent encore français à la maison, contre 23,000 il y a 15 ans. Sauf au Nouveau-Brunswick, le taux d'assimilation des francophones dans les Maritimes est de 72 %.

Selon Kenneth McRoberts, professeur de science politique à l'Université York et spécialiste des questions linguistiques, les pressions assimilatrices sur les minorités francophones n'ont été que très peu affectées par les mesures du gouvernement fédéral, y compris les services gouvernementaux en français et l'extension de Radio-Canada. En effet, surtout dans les centres urbains, les pressions sont énormes: la langue de travail est l'anglais, les mariages «mixtes» sont fréquents et presque toujours défavorables au conjoint francophone, et les médias anglophones offrent à l'auditoire francophone un produit plus diversifié et attrayant. McRoberts conclut que, malgré les efforts gouvernementaux, «l'expérience dualiste est encore plus marginale aujourd'hui qu'en 1960[16]».

D'après une étude préparée par le Commissaire aux langues officielles, un jeune francophone hors Québec sur deux n'obtient pas l'enseignement en français que lui garantit pourtant la Charte de monsieur Trudeau. À des degrés divers, les parents francophones habitant les provinces anglaises sont en butte à toutes sortes de tracasseries administratives locales ou au refus des gouvernements provinciaux de donner à leurs enfants les instruments scolaires dont ils ont besoin pour être éduqués en français. Et pourtant, diverses études démontrent depuis des années que l'absence d'écoles françaises est associée à l'assimilation accélérée des minorités francophones[17]. Même dans les provinces où les francophones bénéficient d'une «masse critique», le nombre d'étudiants francophones inscrits dans des écoles françaises est en chute libre. Depuis 1970, le nombre d'étudiants inscrits dans des écoles françaises est passé de 115,869 à 93,00 en Ontario, et de 60,679 à 47,000 au Nouveau-Brunswick.

Au-delà des chiffres, il existe pourtant une autre réalité pour les francophones au Canada anglais. Les réseaux francophones se renforcent, les institutions se développent, l'implication politique est de plus en

---

16. Kenneth McRoberts, «Going about it the wrong way», *The Globe and Mail*, 19 mars 1990.

17. Marc Doré, «Un francophone hors Québec sur deux ne peut aller à l'école française», *La Presse*, 27 février 1989.

plus forte, et leur visibilité augmente[18]. Au Nouveau-Brunswick, cette évolution est confirmée par l'adoption en 1981 de la Loi sur l'égalité des communautés linguistiques qui reconnaît à la communauté francophone le droit à des institutions culturelles, pédagogiques et sociales distinctes. De façon générale, ce n'est plus le bilinguisme institutionnel qui constitue la principale revendication de ces minorités, mais bien la création d'un réseau d'institutions distinctes. Et il faut admettre que des progrès intéressants ont été enregistrés à ce niveau, tant au fédéral que dans certaines provinces anglaises. En plus des mesures gouvernementales orientées vers le maintien et le développement des grandes institutions, telles l'éducation, la radiodiffusion et les services gouvernementaux, les communautés développent, de leur propre initiative et avec leurs propres ressources, une panoplie d'organisations sociales communautaires qui font partie de cette toile de fond qu'est l'espace francophone hors Québec.

Depuis deux décennies, le gouvernement fédéral utilise les minorités francophones comme instrument de chantage pour combattre le nationalisme québécois. Dans une large mesure, le bilinguisme pancanadien et le renforcement des droits des minorités sont d'élégants prétextes pour réduire la marge de manœuvre du Québec dans la défense de sa majorité francophone, et plus important, pour contester sa prétention à vouloir rapatrier les pouvoirs nécessaires

---

18. Voir Yvon Fontaine, «La politique linguistique au Canada: l'impasse?», dans Ronald Walts et Douglas Brown (éd.), *Canada: The State of the Federation 1989*, Institute of Intergovernmental Relations, Kingston, Université Queen's, 1989, p. 145.

pour être efficace. Si Pierre Trudeau a favorisé le développement des minorités, ce n'était pas par idéalisme ou générosité, ou parce qu'il éprouvait pour les francophones hors Québec une sympathie particulière, c'est plutôt le résultat d'un calcul cynique. Cette attitude a gravement faussé le débat et a sans doute contribué à créer au Québec une réaction d'indifférence et parfois même d'hostilité à l'égard des minorités francophones.

En 1988, les législatures de la Saskatchewan et de l'Alberta abrogèrent une série de droits linguistiques dont jouissaient leurs minorités francophones depuis plus de 75 ans. Robert Bourassa, qui se prend souvent pour le champion de la cause des francophones hors Québec, et son gouvernement ont pris position contre l'obtention par ces francophones du droit de gérer leurs propres écoles. Tout au plus, leur a-t-on reconnu un «droit de regard» dans la gestion des dites écoles. Selon toute vraisemblance, le gouvernement du Québec, ayant déjà suffisamment de contraintes constitutionnelles en matière linguistique, ne voulait pas contribuer à réduire davantage sa marge de manœuvre, les minorités francophones dussent-elles en faire les frais[19].

Il est grand temps, à ce niveau aussi, de mettre fin à l'ambiguïté. Le Québec devra faire preuve dans les années à venir d'une solidarité à toute épreuve à l'égard des minorités francophones. Souveraineté ou pas, le bilinguisme institutionnel attaqué de toutes parts ne risque guère de se développer dans les prochaines années. Le *code des minorités* de demain que

---

19. Marcel Adam, «Le Québec contre les Franco-Albertains», *La Presse*, 13 juin 1989.

le Québec doit par tous les moyens appuyer et tenter de négocier doit être axé principalement sur la promotion d'un réseau d'institutions distinctes pour les francophones hors Québec. Tout en étant plus efficace, cette solution risque aussi d'être moins conflictuelle.

Avec la souveraineté, les anglophones du Canada se sentiront peut-être moins «menacés» par les francophones. À ce niveau, il n'y a cependant rien d'assuré et il ne faut donc pas se faire d'illusions.

CHAPITRE VII

# L'économie,
# talon d'Achille de la souveraineté?

Les progrès relatifs de la langue française au Québec depuis une dizaine d'années ont été enregistrés en partie à coups de lois, principalement la loi 101, mais aussi à cause de la reprise en main par les Québécois d'une partie importante de leur économie. La propriété d'une entreprise demeure encore la meilleure garantie que le français sera utilisé comme langue de travail. Mais, il y a des limites à l'action législative, et ce sera encore plus évident demain qu'aujourd'hui. En effet, les nouveaux défis, y compris la libre circulation des biens culturels, la rapidité des communications internationales, le développement des nouvelles technologies et les pressions de l'économie mondiale ont plutôt tendance à bien résister aux législations linguistiques.

À l'intérieur des limites imposées par le libre-échange, le maintien de la spécificité culturelle et linguistique des Québécois dépend surtout du pouvoir économique des francophones et de la marge de manœuvre économique de leur gouvernement. Il faut donc poursuivre l'affirmation économique amorcée lors de la Révolution tranquille et ne pas oublier que même dans le cadre fédéral, c'est en grande partie le Québec qui a été depuis une trentaine d'années le moteur de son propre développement. Plus souvent qu'autrement, le gouvernement fédéral, malgré le «French Power», a remarquablement peu contribué au développement économique de la province. Bien sûr, le Québec a reçu sa part d'assurance-chômage et de pensions de vieillesse, d'infrastructures aussi, mais les investissements industriels et les retombées économiques à long terme lui ont trop souvent échappé.

On a tous entendu l'argument que la souveraineté du Québec s'inscrit à contre-courant de l'évolution mondiale, notamment en ce qui a trait à la tendance au regroupement des peuples. Il s'agit d'un des mythes les plus tenaces des dernières années. Déjà, à l'occasion du référendum de 1980, les fédéralistes avaient réussi à se faire passer pour des disciples de l'ouverture sur le monde et de la modernité, tandis que les souverainistes apparaissaient comme des «provinciaux» condamnant le Québec au repli sur soi et à l'isolement.

L'intégration économique et, dans une certaine mesure politique, des peuples — dans le cas du marché commun européen, par exemple — n'empêche pas nécessairement l'épanouissement des langues et cultures régionales, à condition, bien entendu, de jouir d'une marge de manœuvre accrue au niveau politique. Les Catalans en Espagne et les Écossais au Royaume-Uni sont de fervents partisans de l'intégration européenne, parce qu'ils y voient une occasion de se libérer partiellement du joug trop opprimant de Madrid ou de Londres. De même au Québec, l'intégration économique continentale à travers le libre-échange est perçue comme un moyen de réduire la dépendance économique et politique à l'égard du Canada, ce qui aura comme effet d'accroître la marge de manœuvre du Québec dans la mise en valeur de sa propre spécificité. Même s'il ne faut pas sous-estimer l'ampleur des défis qui accompagne l'intégration économique, celle-ci n'entre d'aucune façon en contradiction avec la revalorisation et le renforcement des peuples. Bref, le point de départ du Québec et des pays européens est peut-être différent, mais le résultat risque d'être le même: la souveraineté culturelle et l'autonomie politique dans le contexte d'un marché commun continental.

Au niveau économique, le Québec possède désormais tous les atouts nécessaires à la souveraineté politique: un réseau financier fort et autonome, une base industrielle importante contrôlée par des Québécois, une structure financière gouvernementale saine, et une dépendance réduite à l'égard du gouvernement fédéral et de l'économie canadienne.

## Le pouvoir économique québécois

J'ai beaucoup écrit depuis 1976 sur la montée spectaculaire du pouvoir économique francophone au Québec[1]. Il est clair qu'il s'agit là d'une des données les plus importantes des 30 dernières années et d'une

---

1. Voir, entre autres, «Les nouveaux paramètres de la bourgeoisie québécoise», dans Pierre Fournier (sous la direction de), *Le Capitalisme au Québec*, Montréal, Éditions coopératives Albert St-Martin, 1978; et *L'Entreprise québécoise*, Montréal, Éditions Hurtubise HMH, 1987 (avec Yves Bélanger).

des conséquences les plus durables de la Révolution tranquille. Même si les gens d'affaires demeurent dans l'ensemble réticents à transformer ce nouveau pouvoir économique en pouvoir politique dans le but de réaliser la souveraineté, cette nouvelle conjoncture économique contribue puissamment à donner aux Québécois les moyens de leurs choix.

À l'aube de la Révolution tranquille, seulement 47 % des Québécois travaillaient pour des patrons francophones. En 1978, les établissements sous contrôle francophone fournissaient 54,9 % des emplois, alors qu'en 1987 ils passaient à plus de 60 %[2]. Mais il y a plus. La progression des francophones dans les affaires recèle également une importante dimension qualitative. Au début des années 60, les entreprises québécoises étaient concentrées presque exclusivement dans les secteurs «mous», y compris le bois, le cuir et l'alimentation. Aujourd'hui, la présence francophone est forte dans les institutions financières et dans des secteurs plus productifs du domaine manufacturier, y compris le matériel électrique, l'équipement de transport et l'aéronautique. Dans le secteur financier, le Québec bénéficie maintenant d'importantes réserves de capitaux — 44 $ milliards d'actifs pour le Groupe Desjardins et 38 $ milliards pour la Caisse de dépôt — ce qui donne aux entreprises francophones du secteur de la fabrication un meilleur accès à diverses sources de financement. Dans le secteur manufacturier, la croissance francophone s'explique en partie par les prises de contrôle. Ainsi, en 1986 et 1987, six entreprises québécoises — Québecor,

---

2. Philippe Dubuisson, «Les francophones font d'autres gains dans les affaires», *La Presse*, 3 novembre 1989.

Cogeco, Métro-Richelieu, Canam Manac, Télémédia et Hypocrat — ont réalisé pas moins de 40 acquisitions, et figurent parmi les quinze acquéreurs les plus actifs au Canada[3]. Notons finalement que les principales firmes d'ingénieurs — Lavalin, Groupe SNC, Groupe LGL, Roche — et les leaders des services informatiques — Groupe DMR, Groupe [G] et IST — sont sous contrôle francophone.

Les succès remportés par les gens d'affaires ont tendance à faire oublier que c'est en grande partie grâce à l'État québécois qu'ils ont réussi à prendre leur envol. Les interventions massives des gouvernements québécois depuis 1960 ont constitué le moteur du développement de la plupart des entreprises québécoises. À ce niveau, les sociétés d'État ont joué un rôle capital. D'une part, en réorganisant les secteurs en perte de vitesse au plan technologique (pâtes et papiers, textiles, naval, etc.), en épaulant le développement de secteurs jugés essentiels pour le développement à long terme de l'ensemble de l'économie (électricité, gaz, acier, etc.), en créant ou en suscitant de nouvelles activités économiques (pétrochimie, aluminium, etc.), elles ont joué un rôle structurant de premier plan. D'autre part, les sociétés d'État auront permis aux entreprises québécoises non seulement de survivre aux mouvements de concentration et de modernisation de l'économie dans les années soixante et soixante-dix, mais de se renforcer par rapport aux entreprises canadiennes dans tous les secteurs de l'économie.

En effet, la très grande majorité des entreprises situées au Québec a bénéficié à degrés divers de l'aide des sociétés d'État depuis 1960. Cette aide a pris différentes formes: sauvetages, financements avec ou sans participations, subventions, appuis à la concentration et à la réorganisation, contrats, construction d'infrastructures, diverses mesures incitatives (tarifs préférentiels d'électricité, par exemple), etc. Certaines entreprises doivent leur existence même aux sociétés d'État, notamment Provigo, Pétromont, Marine, Cegelec, Volcano et Forano. D'autres, comme Bombardier, SNC, Lavalin, Culinar, Normick Perron, Canam-Manac, Papiers Cascades, Bussière Transport et La Vérendrye doivent une bonne partie de leur consolidation et de leur expansion aux entreprises publiques. Ajoutons que les sociétés d'État ont fortement contribué à ce que le contrôle de plusieurs entreprises québécoises échappe à des firmes étrangères.

L'actualité récente démontre bien que le rôle de l'État demeure fondamental dans la progression des entreprises francophones et de l'économie québécoise en général. La Caisse de dépôt, par exemple, a assuré au cours de l'été 1989 un dénouement favorable à la «saga Steinberg». En effet, la Caisse a réussi à empêcher le géant québécois de l'alimentation de tomber entre les mains du conglomérat ontarien Oxdon. Avec l'appui financier de la Caisse, c'est Michel Gaucher, président de Socanav, qui a hérité de Steinberg. Ce dernier s'est d'ailleurs engagé pour une période de dix ans à ne pas revendre l'entreprise à des intérêts non Québécois. À peu près au même moment, la Caisse permettait à l'Auberge des Gouverneurs Inc. de racheter d'une compagnie d'assurance américaine le Grand Hôtel de Montréal. En octobre 1989, finalement, la Caisse a investi 112 $ millions en débentures convertibles afin de permettre à Pierre Péladeau de mettre la main sur Maxwell Graphics des États-Unis au prix de 500 $ millions, et de devenir ainsi le numéro deux de l'imprimerie en Amérique du Nord. Pour la société d'État, il s'agissait d'une «occasion pour investir dans le développement international d'une compagnie québécoise[4]». L'entreprise Maxwell Graphics détient notamment les contrats d'impression de *Time Magazine* et des horaires de vols des compagnies aériennes. Ni Michel Gaucher, ni Pierre Péladeau, ni les propriétaires des Auberges des Gouverneurs n'auraient eu les reins financiers assez solides pour compléter seuls les transactions en question.

Pourtant, depuis quelques années, nos gens d'affaires sont devenus «fringants» au point où plusieurs n'hésitent pas à remettre en question l'intervention de l'État qui dans une large mesure les a mis au monde. Malgré l'évolution récente, la structure industrielle du Québec demeure largement déficiente, le virage technologique est loin d'être assuré et les écarts entre le Québec et l'Ontario sont encore très larges. Bref, les gains sont fragiles et le secteur privé s'est avéré incapable de présider seul à un développement économique équilibré de la province ou de relever l'ensemble des défis auxquels est confrontée la société québécoise.

Même au niveau du contrôle québécois, la bataille n'est pas gagnée et ne le sera vraisemblablement jamais. La prolifération des transactions de fusion et d'acquisition en 1989, notamment la vente de Consolidated-Bathurst à Stone Container de Chicago et celle du Groupe Commerce à Nationale Nederlanden des Pays-Bas, devrait porter à réfléchir. Les entreprises québécoises demeurent relativement petites et donc susceptibles de faire l'objet de prises de contrôle. Dans

---

4. Laurier Cloutier, «Québecor deviendra le numéro deux de l'imprimerie en Amérique du Nord», *La Presse*, 31 octobre 1989.

un contexte de libre-échange, surtout si on doit affronter dans les prochaines années un ralentissement marqué de l'économie — comme cela semble de plus en plus probable — il faut demeurer prudent et vigilant. La prise de contrôle de plusieurs entreprises locales par des intérêts américains ou étrangers serait néfaste pour le Québec. Le maintien et le développement de réservoirs de capitaux permettant d'intervenir pour sauvegarder le contrôle de certaines entreprises, et la constitution de noyaux durs dans des secteurs spécifiques, notamment en ce qui touche à la culture et la transmission des valeurs (communications, radio, journaux, télé, publicité), les richesses naturelles, les institutions financières, le transport en commun, l'aéronautique, la micro-électronique et autres technologies de pointe, demeurent plus que jamais à l'ordre du jour. Dans l'état actuel des choses, cette stratégie ne peut être mise en œuvre sans un soutien actif de l'État.

Le discours des dernières années sur les vertus de la libre entreprise et de la privatisation doit donc à tout le moins être relativisé. Si le Québec veut survivre au niveau culturel et linguistique, affronter les rivalités régionales et une conjoncture internationale de plus en plus instable et exigeante tout en suppléant aux forces du marché lorsque celles-ci évoluent dans une direction qui est contraire à ses intérêts économiques et politiques, il doit non seulement conserver mais continuer à raffiner ses principaux outils d'intervention économique, y compris les sociétés d'État.

## Du marché canadien au libre-échange[5]

Au sein de l'économie continentale, et malgré les progrès enregistrés depuis la Révolution tranquille, le Québec se retrouve toujours dans une situation de double dépendance. D'une part, le développement économique du Québec, comme celui du reste du Canada s'est fait en bonne partie dans le sens des intérêts économiques américains, donnant lieu à un diagnostic plutôt négatif qui fait à peu près l'unanimité chez les économistes: déformation de la structure manufacturière, trop forte orientation vers l'exportation de matières premières, hypertrophie du tertiaire et sous-développement de la recherche scientifique. D'autre part, à l'intérieur même du Canada, grâce à son pouvoir politique et au contrôle qu'elle exerce sur l'État fédéral, l'Ontario a pu assurer en priorité son propre développement économique, et cela au détriment non seulement du Québec, mais aussi de l'Ouest et des Maritimes.

Quelles que furent les responsabilités historiques des élites traditionnelles du Québec dans cette dépendance, l'Ontario aura réussi à commander le développement économique interne du pays et aussi à «gérer» à son avantage la dépendance du Canada à l'égard des États-Unis. En tant qu'intermédiaire ou médiateur privilégié entre les économies américaine et canadienne, cette province a pu obtenir l'essentiel des retombées «bénéfiques» de l'intégration économique

---

5. Cette section est tirée en partie d'un texte que j'ai publié dans *Le Devoir* le 30 mars 1979, et qui était intitulé «La souveraineté-association: une stratégie de tansition vers l'option nord-américaine».

continentale. C'est d'ailleurs un des facteurs qui explique le sous-développement du Québec.

Il ne faudrait surtout pas croire que la domination économique de l'Ontario est le fruit du hasard ou de facteurs uniquement géographiques ou technologiques. Les politiques économiques du gouvernement fédéral ont très largement aidé la géographie et les autres «avantages naturels» de l'Ontario. Notons entre autres la politique de l'acier, la ligne Borden, le pacte de l'auto, les politiques dans le domaine des transports (chemin de fer et voie maritime), et les politiques d'implantation de filiales américaines. Bref, dans la tentative de bâtir un pays «contre nature» et de réorienter artificiellement les relations économiques continentales sur un axe est-ouest, l'Ontario a réussi à harnacher les autres provinces canadiennes à son avantage.

Parmi les conséquences économiques de l'intégration canadienne pour le Québec, notons le contrôle d'une bonne partie du marché interne québécois par des intérêts ontariens et la déformation de la structure industrielle, c'est-à-dire le cantonnement dans les secteurs les moins rentables de l'industrie légère, l'Ontario se réservant la part du lion dans l'industrie lourde. En plus, les firmes canadiennes implantées au Québec se sont comportées de la même façon que certaines entreprises américaines installées au Canada, encourant ainsi les mêmes effets négatifs pour l'économie québécoise. Elles ont «siphonné» les profits et les épargnes accumulés au Québec pour les investir ailleurs, et elles ont concentré chez elles (plus souvent qu'autrement à Toronto) leurs activités de recherche, de développement et de gestion. Ces tendances se sont renforcées à mesure que le Québec devenait plus agressif dans ses revendications pour obtenir une part plus importante du gâteau économique.

La nature de l'intégration de l'économie québécoise à l'économie américaine est qualitativement différente de l'intégration à l'économie canadienne, et ne découle pas uniquement de la taille ou de l'importance relative des deux «partenaires» du Québec, mais plutôt de la forme que prend cette dépendance. En effet, la dépendance à l'égard du Canada est plus immédiate et dans un certain sens, plus facilement réversible. Les entreprises canadiennes contrôlent surtout les secteurs du marché intérieur qui assurent la consommation courante, ainsi que les secteurs «intermédiaires», dont le degré de développement dépend du capital américain et qui assurent l'implantation de ce capital. Parmi les secteurs qui jouent l'un ou l'autre de ces rôles, ou parfois les deux, notons le commerce, l'agro-alimentaire, le secteur financier, les services, les transports, la sidérurgie, les communications et les textiles. Le capital américain, pour sa part, est concentré dans des secteurs qui sont en général fortement internationalisés, intégrés ou basés sur une technologie «avancée».

Les tentatives de développement et de renforcement du capital québécois se sont heurtées à des marchés déjà occupés et à un espace économique largement dominé par les entreprises canadiennes et américaines. Il est vite apparu évident que le capital canadien constituait l'obstacle le plus immédiat ou, à l'inverse, que les possibilités d'expansion du pouvoir économique francophone se trouvaient du côté des secteurs dominés par les entreprises canadiennes. Il n'est donc pas étonnant que pendant les années 60 et 70, ce soit principalement les entreprises canadiennes qui aient fait les frais de la politique québécoise de reprise en main de son marché interne. En même temps, le Québec cherchait à renforcer ses liens économiques avec les États-Unis, tant au niveau des exportations et des capitaux que de la technologie. Déjà en 1977, deux études préparées pour l'Office de planification et de développement du Québec en arrivaient à la conclusion que «le rapprochement avec les États-Unis semble la solution la plus réaliste et la plus naturelle pour le Québec[6]».

Après l'échec référendaire, qu'on attribue en partie à une dépendance excessive à l'égard de l'économie canadienne, le gouvernement du Parti québécois chercha à intensifier davantage les relations économiques avec les États-Unis. Il chercha, par exemple, à se démarquer du gouvernement fédéral en endossant les critiques américaines à l'égard de l'Agence de tamisage des investissements étrangers et de la Politique énergétique nationale. En 1983, Bernard Landry, alors ministre du Commerce extérieur et des Affaires internationales, affirme que le libre-échange va de pair avec le projet souverainiste, et se prononce donc en faveur d'un marché commun États-Unis-Canada-Québec. En tournée aux États-Unis, René Lévesque prévoyait deux ans plus tard que la libéralisation des échanges économiques entre le Canada et les États-Unis serait le dossier le plus important des prochaines années.

Suite aux accords du Tokyo Round venant renforcer le processus d'intégration économique mondiale, le libre-échange Canada-États-Unis devenait

---

6. Office de planification et de développement du Québec, *Analyse structurelle à moyen terme de l'économie du Québec*, Éditeur officiel, 1977, p. 61. Voir aussi A. Dayan, *L'Environnement international et le rôle du Québec dans la division du travail*, OPDQ, 1977, p. 79.

pour ainsi dire inévitable. L'accord de libre-échange va sans aucun doute accélérer la «décanadianisation» économique du Québec et affaiblir les liens économiques entre les provinces canadiennes. En renforçant les relations Nord-Sud, il réduira d'autant plus la dépendance économique du Québec à l'égard de l'Ontario, rendant ainsi beaucoup plus plausible la souveraineté du Québec. Déjà aujourd'hui, 35 % des exportations du Québec vont vers les États-Unis, en comparaison avec 25 % vers l'Ontario.

En plus, l'appui du Québec au libre-échange découle d'une conviction que les politiques fédérales de nationalisme économique favorisent l'industrie manufacturière ontarienne au détriment de la structure industrielle québécoise, encore largement axée sur les ressources. Ces politiques font du Québec une «annexe» du cœur industriel ontarien. Pas étonnant donc que l'Ontario, risquant de perdre une partie de son marché captif pancanadien au profit des États-Unis, se soit opposée au libre-échange. Les intérêts de l'Ontario se situent davantage dans le sens d'un marché national sans entraves qu'un libre-échange continental. Même la Banque Toronto-Dominion n'hésite pas à admettre, dans un rapport confidentiel préparé en 1990, que «l'économie du Québec a prospéré au cours des dernières années grâce à l'esprit d'entrepreneurship et de direction de la classe dirigeante francophone», et que «le Québec retirera vraisemblablement plus d'avantages du Traité canado-américain de libre-échange que toute autre province canadienne[7]».

---

7. Maurice Girard, «La Banque Toronto-Dominion ne craint pas l'après-Meech», *La Presse*, 14 mars 1990.

En 1980, le gouvernement et les entrepreneurs québécois possèdaient déjà dans une large mesure les outils nécessaires pour réaliser la souveraineté. L'évolution des dix dernières années a rendu l'association économique moins essentielle pour le Québec, et il est fort possible qu'éventuellement les rapports entre le Québec et les provinces canadiennes soient de même nature que ceux qu'il entretient avec les États-Unis. Néanmoins, les rapports économiques entre le Québec et l'Ontario demeurent fort importants, et quel que soit l'éventuel statut politique du Québec, des mécanismes d'union économique devront être maintenus, à tout le moins pour une période de transition. Une coupure brutale porterait un dur coup aux deux économies. L'interdépendance la plus évidente se situe au niveau des marchés et des exportations. Mais il ne faut pas oublier que de nombreuses entreprises contrôlées en Ontario mais implantées au Québec seraient durement touchées par une séparation radicale.

C'est ce qui explique l'empressement avec lequel David Peterson et Robert Bourassa ont laissé savoir quelques jours après l'échec du lac Meech que c'était «business as usual». Les deux premiers ministres se sont rencontrés à Montréal le 26 juin 1990 et encore à Toronto le 6 juillet. Robert Bourassa a profité de son passage à Toronto pour rassurer les dirigeants d'entreprises ontariens quant aux intentions du Québec de poursuivre les échanges industriels et commerciaux. Pour sa part, David Peterson a affirmé que les différences politiques ne devaient pas nuire au 30 $ milliards d'échanges commerciaux entre les deux provinces et aux dizaines de milliers d'emplois qui en découlent.

Il est d'ailleurs significatif que quelques jours après l'échec de Meech, plusieurs gens d'affaires québécois se soient prononcés en faveur d'un marché commun Québec-Ontario. Ainsi, selon Yves Guérard, président de Sobeco, «l'Ontario et le Québec pourraient conclure des alliances dans de nombreux secteurs comme la finance, l'assurance, le transport, la construction et le libre-échange[8]».

## Le fédéralisme est-il rentable?

À entendre Gary Filmon, Clyde Wells et un grand nombre de Canadiens anglais, le Québec serait devenu ces dernières années «l'enfant chéri de la Confédération». À chaque fois que le Québec obtient une décision économique favorable de la part du fédéral — le contrat d'entretien des F-18 ou l'agence spatiale, par exemple — il s'ensuit généralement un tollé de protestations dans le reste du pays. Or, il s'agit bien d'un mythe, qui par surcroît est devenu nocif pour l'économie du Québec.

Si les gens d'affaires québécois ont développé un préjugé favorable pour les États-Unis et se sont enthousiasmés pour le libre-échange, c'est en partie à cause du chauvinisme anti-québécois et anti-francophone de l'establishment canadien-anglais. De nombreux dossiers font clairement ressortir les impacts négatifs qu'ont eu ces attitudes sur le développement économique du Québec: le projet de loi S-31 qui a voulu protéger le Canadien Pacifique d'une

---

8. Laurier Cloutier, «Les gens d'affaires favorisent une union Québec-Ontario dans un marché commun», *La Presse*, 27 juin 1990.

mainmise québécoise, l'exclusion de la Caisse de dépôt du parquet de la bourse à Toronto suite à la prise de contrôle de Domtar, les luttes autour des contrats des frégates et des F-18, la levée de boucliers qu'ont provoqué les tentatives de prise de contrôle de Argus par Power Corporation, le refus d'Air Canada de vendre Nordair à Québecair, l'acharnement des médias torontois contre les subventions fédérales pour relancer l'usine de General Motors à Sainte-Thérèse, et le refus du gouvernement fédéral de permettre la vente de la raffinerie Gulf à Gaz Métropolitain. Comme le soulignait le sociologue Arnaud Sales, «lorsque la bourgeoisie québécoise se risque à défier l'establishment canadien, elle a beaucoup plus de problèmes que si elle va s'établir à New York[9]».

En plus, selon Jacques Parizeau qui prononçait le 27 avril 1990 un discours important à l'Université John Hopkins de Washington:

> «Fondamentalement, bon nombre de gens d'affaires au Québec ont changé leur horizon. Ils ont compris qu'avec des coûts, des prix et des taux de change adéquats, il était plus facile et beaucoup plus rentable de vendre à Boston, New York et Chicago qu'à Winnipeg, Vancouver et Halifax, Toronto se situant plus ou moins entre les deux. En d'autres mots, le Canada n'est plus considéré comme un marché privilégié et, pour tant de gens d'affaires, comme l'unique marché[10].»

---

9. Michel Tremblay, «Le nouvel entrepreneurship québécois», *La Presse*, 6 mai 1986.

10. Jacques Parizeau, «Le discours de Jacques Parizeau à l'Université John Hopkins», *La Presse*, 10 mai 1990.

Si le fédéralisme économique a déjà été rentable pour le Québec, ce n'est plus le cas aujourd'hui. En 1980, 30 % des revenus du gouvernement du Québec provenaient de fonds fédéraux; en 1992, on prévoit que cette proportion atteindra les 18 %. Depuis 1986, le Québec verse beaucoup plus au fédéral (en impôts directs et indirects) qu'il ne reçoit sous forme d'achat de biens et de services, ou de transferts aux particuliers, aux entreprises et au gouvernement provincial. En 1988, Ottawa a réalisé un surplus de 1,3 $ milliard. À cause du déficit fédéral très élevé, le gouvernement du Canada a réduit de façon draconienne les transferts aux provinces et a perdu toute marge de manœuvre sur laquelle asseoir une intervention socio-économique efficace. Ces coupures ne manqueront pas d'affecter la «mission» du fédéral au chapitre de la péréquation. Ajoutons que la mise en place d'une TPS fédérale constitue un empiétement inacceptable dans un champ d'imposition traditionnellement dévolu aux provinces.

Dans plusieurs dossiers, le Québec se retrouve perdant à l'intérieur du régime fédéral actuel. Au niveau de la recherche et du développement, par exemple, le Québec n'a obtenu entre 1973 et 1987 que 17 % des fonds fédéraux pendant que l'Ontario en recevait 47,6 %, et ce, en plus d'accueillir sur son territoire presque 90 % des laboratoires scientifiques du gouvernement central. Depuis 1987, la part du Québec stagne autour des 10 %. Ce phénomène est d'autant plus inquiétant qu'Ottawa dépense depuis quelques années plus de 4 $ milliards par année pour ses activités scientifiques. Le ministre fédéral Benoît Bouchard reconnaissait d'ailleurs lui-même en juillet 1990 que le Québec n'avait pas reçu sa juste part de subventions, même dans des secteurs forts comme l'aérospatiale, le domaine pharmaceutique ou les télécommunications.

La politique monétaire et les taux d'intérêt élevés dictés par la Banque du Canada ont également été néfastes pour l'économie québécoise. Thomas Courchêne, ancien président du Conseil économique de l'Ontario, décrit la politique monétaire actuelle comme une politique ontarienne, qui vise à empêcher la surchauffe de l'économie du sud de l'Ontario où le chômage se situe au-dessous des 5 %, mais qui est contraire aux intérêts des autres provinces canadiennes où le chômage est beaucoup plus élevé et l'activité économique moins dynamique. L'économiste ontarien considère que le préjugé favorable du gouvernement fédéral envers l'Ontario se manifeste globalement:

> «Parce que l'Ontario a toujours pu compter sur un gouvernement fédéral prêt à promouvoir ses intérêts, l'Ontario a toujours été en faveur d'un gouvernement central fort... Au niveau industriel on prônait également un gouvernement central fort parce que la rue Rideau (Ottawa) était perçue comme un prolongement de Bay Street... Les Ontariens ont regardé vers Ottawa pour légiférer au nom de l'intérêt national, qui était en général synonyme avec les intérêts de l'Ontario[11]...»

Ce n'est pas seulement au niveau quantitatif qu'il faut évaluer le déficit québécois par rapport aux comptes économiques nationaux, mais surtout au

---

11. Thomas Courchêne, «What does Ontario Want?», Conférence John Robarts, Kingston, Ontario, 1988, p. 23.

niveau qualitatif. En effet, l'effet net des dépenses fédérales au Québec a été de perpétuer la sous-industrialisation relative du Québec par rapport à l'Ontario. Le gouvernement central s'est surtout contenté de paiements de transfert dans le but de soutenir le pouvoir d'achat des Québécois. Vraisemblablement pour ne pas nuire aux entreprises canadiennes en Ontario en leur créant des concurrents au Québec — et ce, surtout dans les secteurs de l'industrie lourde — les dépenses fédérales ont très peu contribué au développement industriel de la province. Même le rapport Pépin-Robarts affirmait en 1979 que «l'analyse confirme en partie les allégations actuelles voulant que les dépenses du gouvernement central au Québec aient été consacrées surtout à des mesures de soutien des revenus et que la province ait perçu une part comparativement très faible des dépenses plus directement génératrices d'emplois[12]».

## Économie et souveraineté

La majorité des observateurs qui ont suivi la campagne référendaire de 1980 s'entendent pour dire que les arguments économiques, et plus spécifiquement l'insécurité et la peur éprouvées par de nombreux Québécois, ont joué un rôle déterminant dans l'issue finale. L'économie sera-t-elle de nouveau, la prochaine fois, le talon d'Achille de la souveraineté?

---

12. *Rapport Pépin-Robarts*, Gouvernement du Canada, 1979, p. 80.

De prime abord, le nouveau rapport de force et la nouvelle conjoncture économique que je viens de décrire brièvement devraient favoriser un climat plus serein et permettre aux électeurs de prendre une décision basée sur des motifs essentiellement politiques. Les derniers mois du débat sur le lac Meech devraient avoir convaincu même les plus frileux qu'un Québec souverain serait économiquement viable. Presque unanimement opposés à la souveraineté-association en 1980, les gens d'affaires ont été nombreux à faire des déclarations en ce sens. Comme le soulignait Pierre Laurier, vice-président du Conseil de Merrill Lynch:

«Le Québec dispose de la sécurité économique nécessaire pour faire un choix en fonction de ses convictions. En 1980, le Québec a fait un choix au moment où il était encore incertain de son avenir économique. Aujourd'hui, cette incertitude est dissipée.»

Plus étonnant encore, de nombreuses institutions financières tant américaines que canadiennes-anglaises, notamment la Banque de Montréal, la Banque Toronto-Dominion et Merrill Lynch (USA), ont publié pendant les débats sur Meech des analyses fort rassurantes sur les impacts économiques de la souveraineté. Pour Merrill Lynch, la plus importante firme de courtage des États-Unis, l'indépendance du Québec ne devrait pas avoir d'incidences majeures à long terme sur les cotes de la province ou d'Hydro-Québec sur les grands marchés financiers internationaux, et «la diversification de l'économie québécoise... compensera pour les soubresauts qu'une certaine forme de souveraineté pourrait provoquer dans l'immédiat[13]». Quant à lui, le rapport préparé pour la Banque de Montréal prétend que le Québec possède tous les instruments juridiques, administratifs et économiques pour faire face à une éventuelle indépendance, et que «l'élan économique du Québec devrait se poursuivre quel que soit son avenir politique[14]». Finalement, la division américaine de la Banque Toronto-Dominion affirme dans un rapport confidentiel que le Québec demeurera un endroit propice pour les investisseurs quelle que soit l'issue du lac Meech[15].

Mais il ne faut pas être naïf. Le chantage économique demeure aujourd'hui comme hier la meilleure arme des opposants à la souveraineté du Québec. Une bonne partie de la population du Québec reste d'ailleurs craintive. Un sondage effectué pour le *Globe and Mail-CBC* à la fin de juin 1990 démontre que 62 % des Québécois appuient la souveraineté, mais que 41 % s'attendent à ce que leur niveau de vie se détériore si le Québec devient indépendant[16]. On peut donc anticiper une offensive majeure au niveau économique. D'autres rapports et d'autres déclarations, peut-être même en provenance des mêmes institutions financières, viendront probablement souligner les risques et l'instabilité inhérents à tout changement de statut politique.

---

13. Maurice Girard, «L'indépendance n'effraie plus les financiers U.S.», *La Presse*, 9 mars 1990.

14. Presse canadienne, «La séparation du Québec n'aurait rien d'inquiétant, selon une étude de la Banque de Montréal», *La Presse*, 13 mars 1990.

15. Maurice Girard, «La Banque Toronto-Dominion ne craint pas l'après-Meech», *La Presse*, 14 mars 1990.

16. *The Globe and Mail*, 9 juillet 1990.

Les arguments sont déjà prévisibles. Si le Québec propose l'union monétaire, ce qui est probable, le Canada anglais laissera croire qu'il n'en veut pas. Si on cherche a créer notre propre monnaie, on agitera les épouvantails de la dévaluation et de l'instabilité. On dira que la souveraineté du Québec privera le Canada de sa participation au G-7, forum économique des sept pays les plus industrialisés. On oubliera de mentionner que l'influence du Canada au sein du G-7 est, sinon inexistante, du moins marginale. On laissera entendre que les États-Unis n'accepteront pas que le Traité de libre-échange s'applique à un Québec souverain. Pourtant, comme le soulignait récemment Jean-François Lisée:

> «Si demain Ottawa prétendait refuser à un Québec indépendant la conclusion — la perpétuation — d'un accord de libre-échange, l'intérêt américain s'opposerait à cette fragmentation du marché continental[17].»

Les gens d'affaires, de connivence avec le gouvernement fédéral, ont lancé à l'occasion du débat sur le lac Meech, une extraordinaire campagne de chantage économique pour tenter de faire bouger les provinces récalcitrantes et de briser la forte opposition du Canada anglais à l'égard de l'Accord. Des centaines d'articles de journaux et de reportages télévisés ont prédit une chute du dollar, une baisse des investissements et une hausse des taux d'intérêt advenant l'échec de Meech. Or, rien de cela ne s'est produit. Dans les semaines qui suivirent le fatidique *deadline*,

---

17. Jean-François Lisée, *Dans l'œil de l'aigle*, Montréal, Boréal, p. 447.

le dollar canadien a même atteint des sommets iné-
galés, les marchés boursiers de Montréal et Toronto
étaient à la hausse, les taux d'intérêt ont commencé à
chuter à la fin juillet 1990, et les firmes américaines
de courtage Moody's et Standard and Poor's ont annoncé leur intention de maintenir les cotes des obligations du gouvernement du Québec.

Les sombres prédictions des gens d'affaires et du
gouvernement fédéral ne se sont donc pas réalisées.
Ils ont été les premiers dans l'après-Meech à prétendre, contrairement à ce qu'ils avaient affirmé pendant
plusieurs mois, que l'échec de l'Accord n'aurait pas
d'impact sur la stabilité et la prospérité économique
canadienne. Le Canada anglais a su dans une large
mesure, et c'est tout à son honneur, résister au chantage économique. Les Québécois sauront-ils à leur
tour éviter de se laisser manipuler par les chevaliers
de l'apocalypse?

CHAPITRE VIII

# La souveraineté:
# mythes et perspectives

Depuis l'échec du lac Meech, plusieurs Québécois prennent leurs rêves pour la réalité. On semble croire que le Parti libéral du Québec, dans le cadre d'une alliance sacrée avec le Parti québécois, le Bloc québécois et les gens d'affaires, s'apprête à nous conduire vers de nouveaux horizons politiques, soit l'autonomie, la «superstructure», voire même la souveraineté. Or, il n'y a absolument rien d'inévitable dans la souveraineté du Québec.

Pierre Trudeau aura eu raison sur au moins un point: il est urgent pour les Québécois de se «brancher». Je partage son impatience. Le débat sur le statut politique et constitutionnel du Québec a assez duré. Il faut le plus rapidement possible consacrer le meilleur de nos énergies aux défis de cette fin de siècle: l'environnement, la pauvreté, la santé et la construction d'une paix durable. Les luttes constitutionnelles des deux dernières décennies, qui nous ont vus trop souvent quêter des miettes, nous rapetissent comme peuple.

Le Canada anglais aussi souhaite que les Québécois se branchent. À travers le débat sur le lac Meech, les options pour le Québec se sont clarifiées: le *statu quo* ou une forme de souveraineté. Depuis vingt ans, on nageait dans l'ambiguïté. Le Canada anglais et le gouvernement fédéral avaient longtemps semblé sympathiques aux aspirations du Québec (les rapports de la Commission sur le bilinguisme et le biculturalisme, le rapport Pépin-Robarts, etc.) et au renouvellement en profondeur du fédéralisme. Et pourtant, à peine dix-huit mois après la victoire du «non», la nouvelle constitution canadienne, adoptée malgré l'opposition conjointe du gouvernement péquiste et du Parti libéral du Québec, venait démystifier de façon dramatique les promesses faites par le premier ministre Trudeau et l'ensemble du Canada anglais.

Avec l'arrivée de Jean Chrétien à la tête du Parti libéral fédéral et éventuellement du pays, la guérilla constitutionnelle risque de s'éterniser et de continuer à menacer la stabilité économique du Canada tout entier. Il est probable que si le lac Meech avait été ratifié, la brèche canadienne aurait pu être colmatée pour encore quelques années. Dans une conjoncture où il n'est plus question pour le Québec de se contenter du *statu quo*, et où le Canada anglais n'a aucune intention d'accepter dans un avenir prévisible un «compromis» quelconque, la souveraineté apparaît désormais comme la meilleure garantie de stabilité et l'option la plus lucide pour sortir du marasme constitutionnel. Cela est d'autant plus plausible dans la mesure où cette fois-ci, c'est le Canada anglais, en développant une vision du pays diamétralement opposée à la nôtre, qui nous en aura définitivement écartés.

## Quelle souveraineté?

S'il est mené à terme, le processus de redéfinition du statut politique du Québec devrait se résumer à peu près ainsi: la souveraineté culturelle et politique dans un marché commun nord-américain. La souveraineté culturelle, c'est-à-dire les pleins pouvoirs notamment aux niveaux de la langue, de l'immigration, des communications et de l'éducation, est non négociable parce qu'essentielle pour faire face aux défis culturels et linguistiques d'aujourd'hui et de demain, ainsi que pour asseoir clairement l'identité du Québec. Le marché commun nord-américain va de soi: c'est l'aboutissement logique de l'intégration économique actuelle et du traité de libre-échange. L'association économique avec le reste du Canada semble tout aussi inévitable en ce qu'elle est à l'avantage des deux parties, à tout le moins comme mesure de transition. En effet, dans le court terme, aussi bien le Québec que le Canada anglais devront faire face aux inquiétudes des investisseurs qui se refléteront sur la valeur du dollar et le cours des valeurs mobilières et obligations. Pour le moment, la crainte de l'instabilité dicte donc une attitude rationnelle et prudente.

C'est sans doute au niveau politique, et notamment des institutions et du partage des pouvoirs que la marge de manœuvre est la plus grande, et que le scénario est le plus difficile à écrire. C'est là que se déroulera l'essentiel de la négociation. C'est là aussi que la souveraineté prendra une forme «soft» ou «hard». De nombreuses questions devront être posées. La défense sera-t-elle commune? Y aura-t-il un code des minorités? La libre circulation des personnes, des capitaux, et de la main-d'œuvre sera-t-elle absolue? Y aura-t-il entente sur une ou des «superstructures» politiques devant conduire à la création d'un parlement fédéral commun composé de députés élus et dotés de certains pouvoirs? Chaque partie devra juger si les objectifs à atteindre doivent passer par des relations privilégiées allant au-delà d'un simple marché commun, ou s'il sera pertinent ou utile de sacrifier une partie de son autonomie politique.

Jusqu'à nouvel ordre, c'est Robert Bourassa qui dirigera les destinées politiques du Québec. C'est donc du côté de ses déclarations pour le moins ambiguës sur la «superstructure» et le modèle européen qu'il faut chercher des indices sur ce que l'avenir nous réserve. Pourtant, le marché commun européen, rappelons-le, regroupe des États politiquement indépendants qui conservent toujours l'essentiel de leur souveraineté. La superstructure bourassienne ou le parlement européen volent haut mais très léger;

> «Son budget est minuscule, un peu plus d'une cinquantaine de milliards US pour douze pays, un Parlement aux fonctions encore symboliques, un appareil de décision qui ressemble à nos conférences fédérales-provinciales glorifiées. Ce n'est pas demain la veille que les pays membres (de la CEE) seront autre chose que des États, au plein sens traditionnel du terme, et l'union politique est encore une vue de l'esprit[1].»

Robert Bourassa est-il sérieux lorsqu'il dit vouloir s'inspirer du modèle européen? Si oui, il envisage

---

1. Lise Bissonnette, «Le disciple de Monnet», *Le Devoir*, 5 juillet 1990.

alors une souveraineté très étendue. En effet, la dimension «association» demeurerait dans un tel contexte fort limitée. Même l'Europe de 1992 ne prévoit pas d'union monétaire, de politiques sociales communes ou de politiques étrangères et de défenses conjointes. De toute évidence, l'Europe à laquelle pense Robert Bourassa n'existe pas encore et n'existera peut-être jamais... En attendant, le premier ministre devrait plutôt tenter de répondre à cette question fondamentale: quels sont les pouvoirs que devrait détenir le Québec de demain? Bref, dans quelle mesure et jusqu'où le Québec sera-t-il souverain? Toutes les autres questions, y compris la nature de la structure politique qui nous liera au Canada anglais et le type de régime politique (présidentiel, républicain, etc.) que nous adopterons, sont secondaires et dépendent de toute manière des pouvoirs que nous rapatrierons.

Du côté du Parti québécois, on semble, au niveau du discours tout au moins, vouloir s'éloigner de la souveraineté «pure et dure» pour davantage mettre l'emphase sur l'association. On favorise l'union monétaire et le *statu quo* sur les alliances militaires, y compris NORAD et l'OTAN. Une semaine après l'échec de Meech, Jacques Parizeau se prononçait en faveur d'une souveraineté-association de type scandinave[2]. Comme on l'a déjà souligné, une association économique avec l'Ontario semble tout aussi inévitable qu'incontournable, du moins à moyen terme. À plus long terme, un marché commun nord-américain semble néanmoins plus probable.

---

2. «Parizeau favorise une souveraineté-association de type scandinave», *Le Devoir*, 30 juin 1990.

## Qui fera la souveraineté?

Dans un livre publié récemment, George Mathews prédisait que Robert Bourassa allait faire l'indépendance du Québec et qu'il proposerait rapidement après l'échec de Meech une souveraineté-association débouchant sur une «nouvelle communauté économique canadienne[3]». L'auteur se disait convaincu que le premier ministre du Québec serait «en mesure de faire l'Histoire», et qu'il ne raterait pas une telle chance. Il affirmait aussi qu'un référendum pancanadien sanctionnerait la souveraineté du Québec et la nouvelle association économique. De son côté, le politicologue Daniel Latouche déclarait catégoriquement que «contrairement à ce que peuvent penser les partisans de la souveraineté québécoise, leur cause n'avancera pas d'un centimètre au lendemain d'un «non» canadien-anglais, ce sera plutôt le contraire[4]». Qui dit vrai? C'est la question à laquelle je vais tenter de répondre à partir d'une analyse du rapport de force politique sur la souveraineté dans l'après-Meech.

Le facteur le plus positif dans l'évolution récente est sans aucun doute l'attitude de la population québécoise à l'égard de la souveraineté et du contentieux constitutionnel. Depuis le début de 1990, de nombreux sondages confirment que l'appui à la souveraineté a dépassé les 60 %. Même après l'entente du 9 juin 1990, à un moment où tous étaient convaincus que l'Accord allait être ratifié, un sondage CROP-*La*

---

3. Georges Mathews, *op. cit.*, p. 178.

4. Daniel Latouche, *op. cit.*, p. 215.

*Presse* (effectué entre le 13 et le 18 juin 1990) démontrait que 57 % des Québécois demeuraient favorables à la souveraineté. L'«effet Meech» aura donc amené environ 20 % des citoyens du Québec, qui se décrivaient eux-mêmes comme des «fédéralistes fatigués», à s'intégrer au camp souverainiste. Déjà, en mars 1989, un sondage de Michel Lepage effectué pour le compte du Parti québécois avait évalué que la question référendaire de 1980 aurait obtenu à ce moment l'appui de 50 % des Québécois. Dans les derniers mois de la saga, il était devenu évident que la population du Québec avait «dépassé» Meech et que le contenu de celui-ci n'avait plus grande importance.

L'idée de la souveraineté est certes moins exaltante qu'il y a dix ou vingt ans. Mais n'en déplaise à Lysiane Gagnon de *La Presse*, qui voit dans l'attitude actuelle des Québécois de la passivité, de l'ambiguïté et de la résignation[5], je crois plutôt qu'il s'agit avant tout de sérénité, de confiance dans l'avenir et d'une conviction chèrement acquise que le Canada est devenu impossible. Un divorce, même civilisé, est rarement une occasion de pavoiser. L'ampleur des défis ne se prête pas non plus à la réjouissance.

## Mythe #1
## Robert Bourassa et le Parti libéral vont mener le Québec vers l'indépendance

La réaction du premier ministre du Québec à l'échec du lac Meech a été présentée lors d'une confé-

---

5. Lysiane Gagnon, *La Presse*, 14 avril 1990.

rence de presse tenue le 23 juin. Afin de bien souligner le caractère solennel et dramatique du moment, Robert Bourassa, dans une de ses meilleures mises en scène, a choisi le Salon rouge de l'Assemblée nationale pour faire sa déclaration. «Nous sommes à un moment critique de notre histoire. La mort de Meech remet en cause notre avenir politique», a-t-il proclamé. Plusieurs observateurs ont salué la dignité et la fermeté de notre premier ministre.

Comme c'est souvent le cas, cependant, la substance n'y était pas. Robert Bourassa a annoncé qu'il allait boycotter le processus traditionnel de négocation entre les onze gouvernements. Dorénavant, il ne discuterait directement qu'avec Ottawa, tentant d'en arriver à des ententes bilatérales sur des questions ponctuelles, telles l'immigration, les communications et la main-d'œuvre. En apparence, cette décision peut apparaître importante. Le quotidien *La Presse* tomba d'ailleurs tête première dans le piège en titrant à la une «Finie la constitution![6]». Or, évidemment, c'est le lac Meech qui a rendu l'âme; pour le reste, ce sont toujours la constitution de 1867 et les amendements apportés en 1982 qui continuent de s'appliquer au Québec. Comme le soulignait le politicologue Léon Dion:

> «Les mesures d'actions protectrices énoncées par le premier ministre ne peuvent être efficaces que de façon très limitée et pour une courte période... le cadre constitutionnel de 1867-1982 reste intact. Au surplus, la marge de jeu du Québec dépend du bon vouloir du premier ministre fédéral[7]...»

6. Denis Lessard, *La Presse*, 24 juin 1990.

7. Léon Dion, *op. cit.*

Quant au refus de participer aux futures conférences constitutionnelles, ce n'était sûrement pas les provinces anglaises qui allaient s'en plaindre, elles qui demandaient depuis déjà longtemps, à l'instar de Pierre Trudeau et de Jean Chrétien, qu'on mette enfin un terme à ces interminables discussions. A-t-on déjà oublié que c'était principalement le Québec qui était «partie demanderesse» dans les négociations Meech? Et de toute façon, comme s'est empressé de le souligner Gil Rémillard, le gouvernement du Québec ne se gênerait pas d'assister à des conférences fédérales-provinciales «lorsque les intérêts du Québec seraient en jeu[8]». Quelques jours plus tard, on parlait déjà de participer à des conférences fédérales-provinciales s'il devenait impossible d'en arriver à des ententes bilatérales avec Ottawa. Bref, la riposte serait du genre fexible, très flexible.

Pour ce qui est de ces fameuses ententes bilatérales, il ne faut surtout pas retenir son souffle. Le butin sera modeste dans la meilleure des hypothèses. Ridiculisant du même coup les prétentions du Québec, Don Getty de l'Alberta et Bill Vander Zalm de la Colombie-Britannique ont aussitôt annoncé que dans ces conditions, ils négocieraient eux aussi d'égal à égal avec Ottawa dans le but d'aller chercher de nouveaux pouvoirs. David Peterson de l'Ontario s'est évidemment opposé à de telles ententes. Quant à Brian Mulroney, l'effondrement de sa popularité au Canada anglais l'empêchera sans aucun doute d'accorder au Québec quelque «statut spécial» que ce soit. Selon Jeffrey Simpson du *Globe and Mail*, il risque même de perdre le peu de crédibilité qu'il lui reste au Canada

---

8. Denis Lessard, *op. cit.*

anglais s'il accepte de jouer le jeu de Robert Bourassa[9]. Dans le secteur de l'immigration, où les possibilités d'une entente bilatérale semblent les meilleures, la ministre Monique Gagnon-Tremblay en précisait les limites en annonçant le 15 juillet 1990 que «l'immigration demeurera *toujours* une juridiction partagée avec le gouvernement fédéral» et que, de toute façon, le Québec ne voulait pas de tous les pouvoirs dans ce domaine. Ça promet.

Fidèle à lui-même, Robert Bourassa a également mis de l'avant certains «paramètres» devant le guider dans sa quête d'un nouveau statut politique pour le Québec: préserver la sécurité économique des Québécois, protéger les droits de la minorité anglophone, et tenir compte de la francophonie hors Québec tout en respectant les contraintes de la géographie. Tout cela semble éminemment raisonnable. Il ne faudrait pas cependant de gros glissements sémantiques pour que ces paramètres se confondent avec les arguments qu'utilisaient jadis les forces du «non» pour convaincre les Québécois d'endosser l'option canadienne. Le premier ministre n'a d'ailleurs pas manqué d'affirmer qu'il était prématuré de parler d'indépendance...

Quant à Gil Rémillard, moins subtil que son chef, il parlait le 26 juin 1990 devant le Conseil du patronat du Québec d'un XXIe siècle qui serait celui du fédéralisme, de la nécessaire continuité, et de l'importance de doter le Québec d'une constitution qui n'entrerait pas nécessairement en contradiction avec le régime fédéral... Mais, plus significatif encore, il laissa tomber: «Si on ne fait rien, on est morts[10].» N'oubliez

9. Jeffrey Simpson, «A dilemma for Mr. Mulroney as Mr. Bourassa devises new rules», *The Globe and Mail*, 27 juin 1990.

10. Paul Roy, «Si on ne fait rien, on est morts», *La Presse*, 27 juin 1990.

pas ce petit bout de phrase. Il en dit plus long sur les véritables intentions du Parti libéral du Québec que n'importe quelle hypothèse ou élucubration sur la superstructure.

Si Robert Bourassa a décidé au Conseil général du PLQ des 24 et 25 février 1990, de créer un comité pour examiner l'après-Meech, c'est non seulement parce que, contrairement à ce qu'il a affirmé catégoriquement plusieurs fois lors de la dernière campagne électorale, il n'a pas de solution de rechange, mais surtout parce qu'il veut pouvoir éviter de prendre position et d'avoir à entreprendre des actions concrètes. Il s'agit donc beaucoup plus d'une stratégie pour retarder les échéances et désamorcer la crise, que la manifestation d'une volonté d'agir. Le premier ministre a d'ailleurs bien pris soin de nommer principalement des fédéralistes convaincus à son comité constitutionnel[11]. N'attendez pas de grandes surprises lorsqu'il déposera son rapport.

Le PLQ semble mal placé pour amorcer le virage qui s'impose. Au-delà de son apparente unité, il demeure profondément divisé. D'un côté, on retrouve les «nationalistes» outrés par le rejet du lac Meech, et qui à défaut de faire un bout de chemin pour renforcer l'autonomie du Québec pourraient être tentés par le Parti québécois. De l'autre, on retrouve les «fédéralistes inconditionnels», pour qui l'échec de Meech

---

11. Comme le soulignait Gilles Lesage dans «L'après-Meech du PLQ», *Le Devoir*, 10 avril 1990: «Est-ce l'effet du hasard? On a l'impression que les éléments les plus nationalistes du caucus, ceux qui ont obligé M. Robert Bourassa à recourir à la clause nonobstant dans la loi 178 de décembre 1988, ont la portion congrue. On verra bien au fil des mois si cet outil sera de quelque utilité ou s'il servira à museler les députés qui veulent sortir des sentiers battus.»

n'est pas une raison suffisante pour une remise en question fondamentale de la position constitutionnelle du PLQ, et qui pourraient se lancer dans la création d'un parti politique résolument fédéraliste si jamais Robert Bourassa succombait à la tentation d'aller jouer dans la cour du PQ. Parmi ceux-ci, on compte les anglophones demeurés fidèles au parti, la grande majorité des néo-Québécois ainsi que les «vestiges» trudeauistes qui furent suffisamment nombreux pour faire passer les listes Chrétien dans une majorité de comtés de la province.

Des ministres comme Sam Elkas, Daniel Johnson, Gérard D. Lévesque et Liza Frulla-Hébert ne voudront jamais remettre en question le lien fédéral. Par contre, d'autres comme Michel Pagé, Marc-Yvan Côté, Yvon Picotte et Yves Séguin sont prêts à faire un bout de chemin vers la souveraineté. Lors du congrès du mois d'août 1990, les Jeunes Libéraux entérinaient une proposition réclamant l'autonomie politique du Québec. Au niveau de l'électorat libéral, les deux factions se partagent à peu près également. Selon un sondage CROP-La Presse de juin 1990, 42 % des libéraux se disaient favorables à la souveraineté, et 51 % défavorables. Ce qui permet de mettre en doute l'affirmation de Georges Mathews à l'effet que «le commentateur qui croit percevoir une lutte à finir entre la souveraineté et le fédéralisme au sein du Parti libéral commet une erreur de perspective[12]».

Robert Bourassa a tout fait pour lever l'hypothèque constitutionnelle. Il a présenté des demandes minimales en 1986, négocié à la baisse en 1987, et entériné un compromis inacceptable en juin 1990.

---

12. Georges Mathews, *op. cit.*, p. 167.

Robert Bourassa n'est pas plus souverainiste aujour-
d'hui que dans la nuit du 9 au 10 juin 1990 lorsque
dans l'euphorie du moment, il fit une vibrante profession de foi envers le fédéralisme canadien.

Depuis l'enterrement de Meech, le premier
ministre du Québec tente par tous les moyens de
gagner du temps et de noyer le poisson en espérant
que la vague souverainiste finira par s'estomper. Il
poursuit — fort habilement, d'ailleurs — la stratégie
de l'union sacrée, et il réussit, du moins pour le
moment, à conserver des appuis importants. Pourtant,
l'échec de Meech est bel et bien l'échec de Robert Bourassa et de sa stratégie constitutionnelle depuis vingt
ans; c'est aussi la preuve irréfutable qu'il a mal évalué
la conjoncture politique canadienne et qu'il a eu tort
de demander aux Québécois de voter «non» en 1980.

Utilisant l'alibi des incidents d'Oka et de Kahna-
wake, Robert Bourassa a retardé la mise en branle de
la commission parlementaire élargie sur l'avenir
constitutionnel du Québec. Si le premier ministre québécois fait l'indépendance du Québec, ce ne sera pas
parce qu'il aura voulu «faire l'Histoire», mais parce
que la population du Québec ne lui aura pas laissé le
choix.

Quant au Parti québécois, une fois établie son opposition à l'Accord, il a adopté pendant le débat sur
le lac Meech une «stratégie du silence» plutôt habile
et bien choisie dans les circonstances. Par contre, depuis l'échec, Jacques Parizeau et le PQ cautionnent et
légitimisent en quelque sorte la démarche du PLQ.
Les deux partis demeurent «soudés» ensemble, parce
qu'il y aura vraisemblablement un prix politique à
payer pour celui qui brisera l'union sacrée. Ce faisant,
le Parti québécois se laisse entraîner dans un processus qu'il ne contrôle pas, et qui pourrait facilement

l'amener sur la pente du compromis. Qui dit qu'un jour Robert Bourassa et Lucien Bouchard ne remettront pas sur la table une nouvelle version du «fédéralisme renouvelé»? Le PQ s'inquiète de se faire ravir son option. Il devrait plutôt se demander ce qu'il fera si les Québécois sont appelés à se prononcer par référendum sur une option «autonomiste», mais non souverainiste. Tôt ou tard, le divorce entre le PQ et le PLQ viendra, mais à l'avantage de qui? Pour le moment, toutes les cartes sont dans les mains de Robert Bourassa et il peut compter sur la complicité du gouvernement fédéral qui pourrait tenter, le temps venu et s'il en est capable, de lui lancer une bouée de sauvetage.

## Mythe #2
## L'impuissance fédérale

Le fédéral est mal pris, j'en conviens. Brian Mulroney a joué toute sa crédibilité et celle de son gouvernement avec Meech, et il a perdu la mise. Au Canada anglais, il est tenu responsable du dérapage constitutionnel, et sa cote d'impopularité atteint des sommets historiques. S'il espère effectuer une remontée dans les provinces anglophones, il devra prendre ses distances par rapport au nationalisme québécois.

Il ne faudrait pas croire, cependant, que le désarroi actuel du gouvernement fédéral l'empêchera d'intervenir dans le débat sur l'avenir du Québec. Brian Mulroney sait fort bien qu'au-delà des grandes déclarations de principe, Robert Bourassa demeure le meilleur allié du Canada au Québec. Les deux premiers ministres ne ratent jamais une occasion de se louanger l'un l'autre en public. On peut prévoir notamment des concessions apparentes dans les domaines de l'immigration et des communications. En fait, si la marge de manœuvre est mince au niveau de la substance, tout est encore possible au niveau de la forme. On peut s'attendre aussi à ce que le fédéral tente de créer dans les prochains mois et les prochaines années, des «consensus nationaux» sur des questions qui ne touchent pas directement au contentieux fédéral-provincial, l'environnement, par exemple.

Même si Jean Chrétien s'est dans une certaine mesure auto-détruit au Québec par son attitude méprisante et sa complaisance à l'égard de Meech, il ne faudrait pas non plus le sous-estimer. En 1993, au beau milieu d'une récession économique, avec un gouvernement conservateur en débandade, certains Québécois, au-delà de la question constitutionnelle, pourraient fort bien être tentés de voter pour le «moins pire» des deux. Une fois au pouvoir, Chrétien pourrait lancer une contre-offensive, lui qui a toujours été pour les cinq conditions du Québec et le «fédéralisme renouvelé»... Cauchemardesque, ce scénario? Peut-être.

La victoire du Bloc québécois dans l'élection complémentaire de Laurier-Sainte-Marie, le 13 août 1990, constitue néanmoins un message on ne peut plus clair. Pour la première fois dans l'histoire politique québécoise et canadienne, un candidat ouvertement souverainiste a été élu au parlement fédéral. Pour la première fois également, les Québécois ont choisi de ne pas voter pour une «Québec indépendant dans un Canada fort». L'allégeance au Québec et à la souveraineté devient maintenant prioritaire, et ce, même au niveau fédéral.

La «mission» du Bloc québécois est de remettre en question la légitimité des partis fédéraux traditionnels lorsqu'ils prétendent parler au nom du Québec. Aurait-on déjà oublié que Pierre Trudeau avait justement justifié le rapatriement unilatéral de la constitution en prétextant que les députés fédéraux québécois avaient voté en faveur? À l'instar de l'ancien premier ministre, Brian Mulroney rappelait d'ailleurs lors d'une tournée dans son comté en juillet 1990, qu'il était le porte-parole et le représentant des Québécois, au même titre que Robert Bourassa et Jacques Parizeau.

Phénomène intéressant à noter, l'élection dans Laurier-Sainte-Marie a donné lieu à l'avènement d'une toute nouvelle espèce politique qu'on pourrait qualifier de «fédéraliste-souverainiste», ce qui est d'ailleurs symptomatique de la force de l'option souverainiste dans la population québécoise. En effet, outre Gilles Duceppe du Bloc québécois, les candidats respectifs du Parti conservateur et du NPD se sont tous deux déclarés souverainistes. Comme l'a si bien dit Louise O'Neill, candidate néo-démocrate:

«Je ne m'opposerai pas à ce que le Québec avance vers la souveraineté. Mais je me présente à une élection fédérale pour un parti fédéral. C'est plate, mais je dois en tenir compte[13].»

C'est plate, en effet. C'est aussi fort ambigu. Parions que cette espèce n'est pas encore tout à fait

---

13. «Audrey McLaughlin appuie sa candidate 'séparatiste' dans Laurier-Ste-Marie», *La Presse*, 8 juillet 1990.

en voie d'extinction. Comment oublier les pirouettes de Phil Edmonston qui se déclarait pro-Meech pendant sa campagne électorale, mais qui dès son arrivée à Ottawa, s'empressa de se ranger derrière la position anti-Meech du nouveau chef néo-démocrate?

Le Bloc québécois doit aussi donner une voix légitime à l'option souverainiste à Ottawa. Surtout dans l'hypothèse probable de la création d'une ou plusieurs instances supranationales à Ottawa, les «New kids on the block» pourraient jouer un rôle dans la négociation entre le Québec et le reste du Canada, facilitant ainsi la transition vers un nouveau statut politique. Par contre, l'existence d'un bloc québécois comporte aussi sa part de risques politiques. Avant de quitter le PC, les députés conservateurs ont tous fait un acte de foi envers Brian Mulroney et se sont engagés à ne pas déstabiliser son gouvernement. Tôt ou tard, les membres du Bloc devront couper les ponts avec le PC, car lors de la prochaine élection fédérale, le Bloc québécois risque fort de nuire au Parti conservateur, favorisant peut-être même l'élection de candidats libéraux au Québec et de Jean Chrétien au niveau national. Néanmoins, le risque principal demeure celui de la défaite. Les Québécois n'ont pas tendance à voter pour un parti qui n'a aucune chance de prendre le pouvoir. Ils aiment bien «gagner» leurs élections. La tentation de voter pour un gouvernement de rechange, et de tenter de régler les autres problèmes — le déficit, l'environnement, le chômage, etc. — sera toujours présente.

Lucien Bouchard a fait beaucoup de chemin depuis qu'il appuyait Meech, et depuis sa démission comme ministre et député du gouvernement Mulroney. Combien exactement en a-t-il fait? De quelle souveraineté veut-il? Quels compromis est-il prêt à faire?

202 AUTOPSIE DU LAC MEECH

C'est ce qu'on verra. Sa grande popularité auprès des Québécois lui prête une influence telle que ses options seront déterminantes pour les mois à venir.

Comme je l'ai déjà souligné, l'offensive fédérale contre la souveraineté portera, encore une fois, sur les questions économiques. Les appels à la mère-patrie, aux Rocheuses, à la Reine et à la sancteté des institutions dites nationales ne fonctionneront plus. Il faudra donc sortir toute une panoplie d'arguments économiques. Comme le dit David Olive du *Globe and Mail*, «c'est le meilleur espoir que ce fragile pays a encore[14]». On laissera entendre que l'Ontario sera forcée de choisir entre l'Ouest et le Québec, et qu'évidemment, elle choisira l'Ouest. On dira qu'il est impensable d'être souverainiste dans le Québec actuel, avec les pertes d'emplois, les fermetures d'usines et un taux de chômage presque deux fois plus élevé qu'en Ontario, une économie encore trop dépendante sur les ressources naturelles, etc. On prédira que le Québec ne pourra pas se passer des «cadeaux» et des contrats du fédéral, et on donnera inévitablement l'exemple de Bombardier. On annoncera que le Québec perdra les sièges sociaux des compagnies canadiennes, y compris Bell Canada, Air Canada et Canadien Pacifique. On blâmera le climat politique québécois pour le report de nouveaux investissements importants. Les financiers internationaux exprimeront leur scepticisme. Et ceci n'est que la pointe de l'iceberg!

---

14. David Olive, «Times are getting tough», *The Globe and Mail*, 16 juillet 1990.

**Mythe #3**

# Les gens d'affaires à l'avant-garde du combat souverainiste

L'attitude des gens d'affaires a été une des révélations les plus surprenantes de toute cette affaire. Après tout, en 1980, ils s'étaient prononcés massivement pour le «non» et avaient exercé une influence considérable sur l'issue du vote. Par contre, dans l'espoir de faire passer Meech par la peur, de nombreux gens d'affaires ont déclaré qu'un Québec souverain était maintenant viable. Il ne faudrait donc pas se faire d'illusions quant à leurs intentions. Entre une souveraineté viable et une souveraineté souhaitable, il y a une marge que plusieurs ont escamotée allègrement. Ce ne fut pas le cas de la majorité des gens d'affaires. Contrairement au mythe qu'ils entretiennent volontiers à leur égard, ils ne sont pas des «preneurs de risques». Ils souhaitaient ardemment la ratification de l'accord surtout afin d'assurer la stabilité de leur environnement. Pour la même raison, plusieurs refuseront maintenant toute remise en question sérieuse des structures actuelles.

D'ailleurs, quelques mois avant l'échéance de Meech, on sentait déjà le vent tourner. Le 7 mars 1990, le président d'Unigesco, Bertin Nadeau, écrivait pour calmer les esprits, que «l'échec du lac Meech ne signifierait pas le rejet du Québec par le Canada», qu'«il n'y aurait rien de si épouvantable, en cas d'échec de l'Accord Meech, à ce que le Québec reste sur sa position des années 1980[15]». Le même jour, dans un

---

15. Cité dans *Le Devoir*, 7 mars 1990.

avertissement à peine voilé au PLQ, Ghislain Dufour, président du Conseil du patronat, rendait compte de l'agacement du monde des affaires: «S'il persiste avec la souveraineté, le PLQ s'expose à perdre l'appui traditionnel des milieux d'affaires... Il nous faut un parti carrément fédéraliste[16]».

Le jour où ils eurent l'impression, comme tout le monde, que l'Accord allait se signer, les gens d'affaires furent à peu près unanimes à pousser un soupir de soulagement. Claude Castonguay, dont on croyait les convictions fédéralistes pourtant sérieusement ébranlées, déclara alors qu'il était satisfait, et qu'on ne faisait que corriger ce qui n'avait pas été fait en 1982[17]. Louis Arsenault, président du Conseil de la Chambre de commerce du Québec ajouta que «les Québécois auraient tout à gagner en restant dans la confédération canadienne[18]».

Après le 23 juin juin 1990, un étrange silence s'est abattu sur les milieux d'affaires québécois... Un éditorialiste du *Globe and Mail* écrivait trois semaines plus tard que le mutisme des gens d'affaires du Québec, les mêmes qui avaient été à l'avant-garde du combat pro-Meech, était pour le moins bizarre. Il expliquait le phénomène, avec un certain mépris teinté d'ironie, en avançant que la conjoncture économique défavorable et les problèmes financiers des principaux porte-parole de la classe d'affaires québécoise avaient vite fait d'anéantir «l'euphorie et la confiance nationa-

---

16. Cité dans *La Presse*, 7 mars 1990.

17. Richard Dupont, «Comme prévu, les gens d'affaires sont satisfaits», *La Presse*, 12 juin 1990.

18. *Ibid.*

liste[19]. Il s'évertuait ensuite à démontrer que Michel Gauthier et Marcel Dutil, entre autres, éprouvaient à ce moment de sérieuses difficultés dans leurs entreprises respectives. Or, ce mutisme est beaucoup plus lié aux inquiétudes de l'avenir plutôt qu'à leur propre situation économique. En plus, les gens d'affaires demeurent profondément divisés sur la question de la souveraineté, même si plusieurs bénéficieraient sans aucun doute de la présence d'un État québécois plus fort capable d'épauler encore davantage leur développement. Le patronat souverainiste se retrouve en majorité dans le mouvement coopératif, les sociétés d'État et les PME dirigées par des francophones. Quant aux gens d'affaires liés aux grandes entreprises anglo-canadiennes et américaines, qui demeurent très puissantes malgré les progrès du contrôle francophone et qui conservent une influence prépondérante dans des organismes comme le Conseil du patronat, ils sortiront vraisemblablement de l'ombre pour s'afficher clairement comme «fédéralistes» lorsque l'heure des grands choix sonnera.

Dans la meilleure des hypothèses, la souveraineté pourrait profiter de la neutralité bienveillante de plusieurs gens d'affaires et de l'appui de quelques autres. En fait, la vraie question est celle-ci: se trouvera-t-il suffisamment de gens d'affaires, lorsque la contre-offensive fédérale battra son plein, pour se tenir debout et mettre de l'avant de manière convaincante, le potentiel réel d'un Québec souverain?

---

19. David Olive, *op. cit.*

**Mythe #4**

## Le préjugé favorable américain

En 1977, le département d'État américain, dans une étude préparée pour Henry Kissinger, concluait qu'il n'y avait aucun doute quant à la viabilité économique d'un Québec indépendant. D'une étonnante lucidité, ce document percevait la promotion du bilinguisme à la fonction publique fédérale et la promesse d'écoles françaises pour les francophones hors Québec «comme, au mieux, un premier pas et, au pire, des modifications superficielles[20]». Les auteurs y traitaient Pierre Trudeau de «fédéraliste centralisateur», et se demandaient pendant combien de temps encore le premier ministre canadien pourrait continuer à aguicher son auditoire avec de vagues références à de nouvelles approches des relations fédérales-provinciales sans jamais avoir à clarifier ses positions[21]. Le document concluait en ces termes:

> «Aussi longtemps que ses revendications légitimes restent sans solution, le Québec va continuer à être instable, au détriment des intérêts des États-Unis. Il est par conséquent dans notre intérêt que ce problème soit résolu[22].»

En somme, même pour les États-Unis, les Québécois et l'ensemble des Canadiens doivent mainte-

---

20. Jean-François Lisée, «La solution de Washington», *L'Actualité*, 15 avril 1990, p. 30.

21. *Ibid.*

22. *Ibid.*

nant choisir. En avril 1990, un éditorialiste du *Washington Post* affirmait que la souveraineté du Québec mettrait fin à des décennies de chamailleries «corrosives» entre Canadiens francophones et anglophones. Il ajoutait que le Canada «vacille continuellement au bord d'une amère rupture», et soulevait l'hypothèse que les Canadiens, s'ils devaient vivre dans un pays plus petit, ne s'en porteraient que mieux[23].

Dans la conclusion d'une étude magistrale portant sur les rapports entre Washington et Québec sous le gouvernement du Parti québécois, Jean-François Lisée affirme que les États-Unis auraient «permis» l'indépendance du Québec en 1980, même s'ils ne la souhaitaient pas. Parce que le Canada a toujours été son meilleur allié, les États-Unis préfèrent de loin un voisin «fort et uni». D'un autre côté, dans l'hypothèse d'un vote en faveur de la souveraineté:

> «L'intérêt américain se serait cristallisé en un mot: association. Et son poids se serait exercé sur Ottawa pour qu'il négocie avec Québec. De même, à New York, l'intérêt des banquiers et des investisseurs aurait réclamé un succès des négociations de la nouvelle entente Canada-Québec[24].»

Comment réagiraient les Américains aujourd'hui à l'indépendance du Québec? Selon Lisée, ils y verraient un moins grand «embêtement» qu'il y a dix ans. En partie, parce que la fin de la guerre froide rend la question des alliances militaires encore moins

---

23. «La presse américaine supporte déjà les effets de l'indépendance du Québec», *La Presse*, 17 avril 1990.

24. Jean-François Lisée, *Dans l'œil de l'aigle*, Le Boréal, p. 445.

impérieuse que jamais, en partie aussi, parce qu'on est rassuré sur les orientations politiques et la capacité de gouverner du Parti québécois. Et sans doute parce que les Américains sont beaucoup mieux informés et plus sophistiqués dans leur analyse de la réalité québécoise que plusieurs le croient.

Quelques semaines après l'échec de Meech, les clients américains d'Hydro-Québec laissaient clairement entendre qu'ils voulaient continuer de faire affaire avec la société d'État, peu importe le statut politique de la province, et qu'ils n'auraient aucune réserve à acheter leur électricité d'un Québec indépendant[25].

Bref, les Américains pourront vivre avec la souveraineté du Québec, mais ils conservent un préjugé favorable pour un Canada fort et uni. On peut sans doute s'attendre à ce qu'ils adoptent une position de «neutralité», à moins qu'ils ne succombent à la tentation de nous dire ce qu'ils pensent...

## Mythe #5
## L'unanimité des «leaders d'opinion» en faveur de la souveraineté

Selon Pierre Trudeau et l'ensemble des fédéralistes canadiens, le «peuple» québécois n'est ni séparatiste, ni souverainiste. Il serait plutôt manipulé par des élites nationalistes, particulièrement celles qu'on

25. Maurice Girard, «Le statut politique du Québec laisse froids les clients américains d'Hydro-Québec», *La Presse*, 12 juillet 1990.

appelle les «leaders d'opinion». Or, le débat sur le lac Meech a laissé entrevoir une dynamique tout à fait contraire. Ce furent justement les journalistes, les intellectuels et les syndicalistes qui se sont retrouvés à la remorque de l'opinion publique québécoise.

Peu actives durant la saga Meech, les grandes centrales syndicales, dont la CSN, la FTQ et la CEQ, ont attendu le dénouement du drame avant de prendre position clairement en faveur de la souveraineté du Québec, alors qu'il devenait évident qu'une forte majorité de leurs membres favorisaient maintenant cette option. À quelques exceptions près, nos intellectuels ont été à peu près absents des débats. Quant à la presse écrite, les éditorialistes ont de façon générale et constante appuyé la démarche de Robert Bourassa. *La Presse* et *Le Devoir* par exemple, ont joué le rôle d'éteignoir, allant jusqu'à souhaiter et encourager des concessions que même le gouvernement québécois refusait de faire. On a appuyé le Rapport Charest, l'initiative de Frank McKenna, les amendements du 9 juin 1990, et j'en passe. On passait sans problème de fédéralistes convaincus à souverainistes résignés selon les circonstances. Le choix reste à faire.

## Le processus d'accession à la souveraineté: un champ de mines?

Au lendemain du 23 juin 1990, le gouvernement québécois s'est retrouvé dans une situation fort difficile. D'une part, ne jouissant d'aucune crédibilité auprès du Canada, il ne pouvait certes pas aller déposer de nouvelles demandes constitutionnelles. On ne répétera jamais assez souvent que si le Canada anglais n'a pas endossé le lac Meech, il n'acceptera sûrement pas plus que celui-ci. Après tout, le Canada anglais en a vu d'autres: l'égalité ou l'indépendance de Daniel Johnson père, la souveraineté culturelle de Robert Bourassa dans les années 1970, la souveraineté-association de René Lévesque, etc. De plus, malgré sa forte opposition au coup de force de 1982, le Québec, rappelons-le, était rapidement rentré dans le rang. Pas étonnant donc qu'on n'ait pas pris au sérieux les déclarations du Québec sur l'après-Meech et qu'on y voyait que du «bluff». Pour tout dire, la crédibilité du Québec à l'extérieur de la province a sûrement atteint son niveau le plus bas depuis fort longtemps, et Robert Bourassa lui-même ne commande aucun respect dans le reste du pays. D'autre part, ni ce dernier, ni son parti n'avait de mandat pour mettre de l'avant de nouvelles propositions constitutionnelles. Depuis 1987, l'option constitutionnelle du PLQ, c'était le lac Meech. Avec l'effondrement de l'Accord, le PLQ n'a plus de position.

Il fallait donc trouver un moyen pour que les Québécois puissent participer à l'élaboration d'un nouveau statut politique. Le Parti québécois et Jacques Parizeau proposaient une démarche en trois étapes: la convocation d'États généraux, l'adoption d'une constitution québécoise et enfin, un référendum. Les États généraux chapeautés par une Commission nationale dont les membres seraient nommés par le Parlement québécois auraient regroupé plusieurs centaines de personnes issues de tous les milieux. Outre les élus, on y aurait retrouvé des représentants du monde des affaires, des syndicats, du mouvement coopératif, des corporations professionnelles, des universités, des mouvements communautaires, des artistes, des autochtones, des groupes ethniques, des anglophones, etc. Une fois une option clairement définie, la Commission nationale aurait fait appel à une Assemblée constituante composée de personnes élues au suffrage universel ayant comme mandat la préparation d'une constitution québécoise conforme aux résolutions des États généraux.

D'autres, y compris le politicologue Léon Dion et la journaliste Lise Bissonnette, auraient préféré une commission d'enquête. Pour le professeur Dion, les membres de cette commission auraient dû être nommés après consultation et assentiment du chef de l'Opposition et auraient ainsi pu jouir d'une large crédibilité auprès du public. Leur mandat aurait été de procéder à une large consultation sur la façon dont individus et groupes évaluaient la situation du Québec dans le contexte de l'après-Meech et quelles formes de changement ils préconisaient. La commission aurait remis un rapport condensant les opinions recueillies et les informations tirées d'autres sources dans un délai de six à huit mois. Cette étape aurait été suivie d'un référendum solennel permettant au peuple souverain d'exprimer sa volonté et de fournir aux futurs négociateurs un mandat clair[26].

---

26. Léon Dion, «La longue marche du Québec», *La Presse*, 27 juin 1990.

Le 29 juin 1990, le premier ministre et le chef de l'Opposition annoncèrent dans le cadre d'une conférence de presse conjointe, qu'ils avaient conclu une entente de principe sur la mise sur pied d'une commission parlementaire élargie et «non partisane». Le mandat était de procéder à des audiences publiques, de consulter les forces vives de la société sur les grandes orientations constitutionnelles du Québec, et de dégager des conclusions qui pourraient donner lieu à l'adoption d'une constitution québécoise. Cette commission devrait vraisemblablement être formée d'une trentaine de membres provenant non seulement des élus, mais également de représentants des corps constitués, des groupes d'intérêt reconnus et des communautés constitutives du Québec. Cette commission serait «mixte» et itinérante.

Pour Lise Bissonnette, la commission parlementaire «ne sera guère plus qu'un arbitrage entre clans, une collection de partisaneries en trêve, plutôt qu'un groupe au-dessus de tout soupçon[27]». De plus, elle permettra au PLQ de garder tout le monde à vue, car elle fera rapport à l'Assemblée nationale qui est majoritairement contrôlée par les libéraux. Mais surtout, les dés sont pipés contre la souveraineté. Rien ne garantit qu'un éventuel consensus reflète la vision majoritaire des Québécois qui, à plus de 60 %, appuient maintenant la souveraineté.

Lucien Bouchard, qui est un des membres de cette commission, croit pour sa part que ce type d'approche a toutes les chances de connaître un cheminement plus rapide qu'une commission d'enquête, qui est un mécanisme «trop souvent utilisé par les politi-

---

27. Lise Bissonnette, «Papoter ou réfléchir?», *Le Devoir*, 7 juillet 1990.

ciens pour refroidir une patate chaude[28]». Il prétend
en outre que s'il a été directement associé à la commission par ses députés et, *a fortiori*, par son premier
ministre, le gouvernement ne pourra éviter d'em-
brayer avec célérité le processus décisionnel. Il
conclut:

> «En fait, quelles que soient les intentions du pre-
> mier ministre, le format qu'il a choisi ne peut faire
> autrement que de brasser les cartes à fond et de
> remettre radicalement en cause la légitimité et la
> structure du régime fédéral[29].»

C'est fort possible, mais les «recommandations»
de la commission parlementaire seront nécessairement le fruit d'un compromis, destiné notamment à
éviter que l'aile fédéraliste du PLQ ne déserte le
navire. Et la prochaine étape, c'est-à-dire la négociation avec le gouvernement fédéral, donnera vraisemblablement lieu à de nouveaux compromis... Peut-on
vraiment croire que les Québécois se reconnaîtront
dans le produit final qui émergera de ce processus?
Ne peut-on craindre de se retrouver coincé avec une
espèce de «Meech plus, nouveau et amélioré»?

Il ne faudrait pas non plus être naïf quant à la
réponse du gouvernement fédéral. Dans un premier
temps, il refusera sans aucun doute de négocier. Il
prétendra, à juste titre, qu'il n'a pas reçu le mandat
de prendre position au nom des provinces anglophones. Il insistera pour que celles-ci soient représen-

---

28. Lucien Bouchard, «C'est le bon véhicule, qu'il démarre au plus vite»,
*Le Devoir*, 10 juillet 1990.

29. *Ibid.*

tées à la table et pour que la formule d'amendement prévue dans la constitution, soit le gouvernement fédéral plus sept provinces représentant 50 % de la population, s'applique à toutes les «demandes» qui viendront du Québec. Il convoquera peut-être une conférence fédérale-provinciale pour définir les mécanismes de la réponse du Canada anglais au Québec. Au nom de la démocratie, il refusera de toute évidence la négociation d'égal à égal. Ceci dit, il ne fait aucun doute que l'attitude du fédéral et des provinces anglophones déterminera en grande partie la forme «soft» ou «hard» que prendra la souveraineté du Québec.

À moyen et long termes, l'éventualité d'un refus pur et simple du fédéral de négocier apparaît peu probable. Mais il est absolument essentiel que le Québec n'aille pas à Ottawa sans un rapport de forces favorable. Un mandat fort ne peut être obtenu que par un référendum sur la souveraineté. Une résolution de l'Assemblée nationale, ou une simple élection, où trop d'éléments et de sentiments contradictoires s'enchevêtrent inévitablement, n'auront jamais la force et la légitimité d'un référendum. Si les Québécois sont sérieux et veulent être efficaces, ils devront convaincre Robert Bourassa de leur permettre de s'exprimer clairement et directement. Toute autre solution affaiblirait irrémédiablement le Québec.

Les prochains mois et les prochaines années s'annoncent passionnants pour le Québec. Rien n'est acquis, mais tout est possible.

# Table des matières

CET OUVRAGE
COMPOSÉ EN PALATINO 12 POINTS SUR 14
A ÉTÉ ACHEVÉ D'IMPRIMER
LE VINGT-HUIT SEPTEMBRE MIL NEUF CENT QUATRE-VINGT-DIX
PAR LES TRAVAILLEURS ET TRAVAILLEUSES DES PRESSES
DE L'IMPRIMERIE GAGNÉ
À LOUISEVILLE
POUR LE COMPTE DE
VLB ÉDITEUR.

IMPRIMÉ AU QUÉBEC (CANADA)